모두의
버킷리스트

책
쓰
기　첫
　　경
　　험

모두의 버킷리스트

책 쓰기 첫 경험

석경아 글

강수현 그림

다독
다독

당신도 작가가 될 수 있습니다

결혼을 하고 아이 둘을 낳고 그러고도 한참 지난 후, 이십 대의 긴 시간을 함께 보낸 지인의 결혼식에 참석했다. 예식이 끝나고 신랑 신부 친구들이 기념 촬영을 위해 자리를 잡을 때였다.

"석경아. 너, 책을 두 권이나 낸 거야? 원래 글을 썼었나?"

얼굴을 본 지 너무 오래되어 도통 누군지 알 수 없는 이가 말을 걸었다. '누구지?', '내가 책을 낸 줄 어떻게 알았을까?'라는 생각이 동시에 들었다. '원래 글을 썼었냐'라는 질문은 내 책이 나온 뒤 친구들에게 가장 많이 받았던 질문이다. 아무리 옛 기억을 끄집어내도 책과의 연관성을 찾을 수 없는 내가 갑자기 책을 냈다고 하니 어리둥절했을 것이다.

보통 사람들은 작가라는 직업에 선입견이 있다. 문학 공모전을 통해 등단하거나, 문예창작학과를 나오거나, 적어도 글쓰기라는 작업과 꽤 친밀한 경험을 가진 사람만이 작가가 된다고 믿는다. 나 또한 책을 출간하기 전에는 이렇게 생각했고, 글쓰기는 나와 전혀 다른 세계의 일이라 여겼다. 무작정 초고를 작성하기로 마음먹은 뒤에도 확신보다 '나 같은 평범한 사람이 과연 책을 낼 수 있을까'라는 의구심이 컸다. 돌이켜 보면 책 쓰기의 시작부터 끝까지 어느 것 하나 쉽지는 않았지만 그렇다고 해서 절대 해내지 못할 일은 없었다. 나는 책을 만들어

가는 과정에서 쉽고 빠른 길보다 조금 돌아가더라도 천천히 가는 길을 택해 끝까지 포기하지 않았다. 결국 좋은 출판사와 인연이 닿았고, 내 이름 석자가 새겨진 책을 품에 안을 수 있었다.

책 쓰기와 관련된 책은 출판사 편집장부터 전업 작가가 쓴 것까지 이미 시중에 많이 나와 있다. '나까지 보탤 필요가 있을까?'라는 생각에 잠시 멈칫한 적도 있지만 겨우 두 권의 책을 쓴 초보 작가인 내가 《모두의 버킷리스트, 책 쓰기 첫 경험》을 쓴 이유는 분명하다. 책을 쓰고자 하는 마음은 있지만 아직 그 첫 발을 떼지 못한 사람들을 위해서다. 책의 주제 선택, 출간기획서 작성, 원고 투고, 출판사 선정, 출간계약서 작성, 퇴고, 출간 후 홍보 방안 등을 철저하게 저자의 입장에서 기록했다. 이런 것까지 궁금해할까 싶을 정도로 세세한 내용까지 담은 이유는 이 모든 것이 첫 책을 쓸 때 나에게는 결코 사소해 보이지 않아서다. 이 책의 마지막 장을 덮은 후, 이 사람도 했으니 나도 할 수 있겠다는 마음으로 책 쓰기의 첫 발을 내딛길 진심으로 응원한다.

그림 작가인 새언니에게 함께 작업할 수 있어서 든든하고 참 좋았다고 감사의 인사를 전한다. 앞으로 그림 작가로서 훨훨 날아오르길, 이로써 삶이 더욱 풍성해지길 진심을 담아 응원한다.

평범한 누군가의 아내이자 엄마인, 나와 새언니의 이름 석자가 찍힌 이 책이 우리에게 작은 기적임을 고백한다.

2022년 봄, 석경아

1부

책, 나도 한번 써 볼까

1

네가 무슨 책을 쓴다고

나 책 쓸 거야.

엥? 네가 무슨 책이야?

블로그에 매일 글을 한 편씩 올리기 시작한 지 3개월 정도 지난 후 처음으로 문득 '나도 한번 책을 써 볼까?' 라는 생각이 들었다. 블로그는 다른 소셜미디어SNS보다 글밥이 많은 채널이기 때문에 자신이 쓴 글들을 묶어서 책으로 출간하는 경우가 종종 있다. 블로그 이웃들의 책 출간 소식을 들을 때마다 나도 책을 내고 싶다는 막연한 생각이 마음속에 스멀스멀 피어올랐다.

책, 과연 나도 쓸 수 있을까.

당시 나는 블로그에 겨우 내 일상을 끄적이며 막 글쓰기에 흥미를 느끼기 시작한 단계였다. 다독多讀이라도 해 왔느냐고 묻는다면, 한때 가방 속에 책 한두 권 정도는 꼭 넣고 다니고 침대 머리맡엔 늘 몇 권의 책이 놓여 있던 시절도 있었지만, 두 아이의 엄마가 된 후로는 책과 함께하는 시간이 점차 사라져 갔다고 대답할 수밖에 없다.

읽기도 쓰기도 서툰 평범한 아줌마인 내가 난데없이 자신감에 넘쳐 책 출간을 목표로 글을 쓰겠다고 다짐을 했다. 태어나서 한 번도 해 본 적 없는 일, 그것도 아주 어려운 일에 도전한다는 것은 가슴이 두근두근하는 즐거운 일이다. 그것도 내 이름으로 된 책이라니 얼마나 멋진가.

똑같이 한글로 되어 있건만, 블로그에 포스팅하는 글과 책에 써 내려가는 글은 완성도 면에서 천지 차이가 난다. 가장 큰 차이점은 블로그는 언제든지 삭제와 수정 버튼을 눌러 내용을 바꿀 수 있지만, 이미 인쇄되어 나온 책은 교정쇄를 내기 전까진 절대 고치지 못한다는 점이다. 한번 뱉은 말을 주워 담지 못하는 것과 같이 독자들의 손에 들어간 글은 절대 사라지지 않는다. 그렇기에 책에 대한 책임은 오롯이 저자에게 있다.

책 쓰기의 본질은 무엇일까? 나는 모든 일에는 본질이 있고,

본질을 지키는 것이 무엇보다 중요하다고 생각해 왔다. 책 쓰기를 시작하기 전에 곰곰이 생각해 보았다. 본질을 알아야 그 일을 할 때 수시로 찾아오는 흔들림으로부터 중심을 잡을 수 있기 때문이다.

나는 왜 책을 써야 할까?

나는 나에게 두 가지 질문을 던지고 이에 대한 답을 찾기 시작했다.

1. 책을 써야 하는, 나를 위한 이유
2. 책을 내야 하는, 다른 사람을 위한 이유

책을 쓰는 '나'와, 책을 읽을 '너'를 위한 이유가 명확해야 한다. 내가 쓴 글이 책이 되어 나온다는 것은 나를 위한 이유만 있어서는 안 된다는 뜻이다. 누구든지 책값만큼 돈을 지불하면 책을 읽을 권리가 생긴다. 그렇기에 책을 내겠다고 마음먹기 전에 다른 사람이 읽어야 할 이유를 꼭 찾아야 한다. 그것을 찾지 못한다면 내 이야기는 일기장이나 개인 SNS 같은 사적인 공간에 남기는 편이 훨씬 나을 수 있다.

나의 첫 책은 《우리는 영국에서 일 년 동안 살기로 했다》라는 에세이다. 남편의 석사 유학으로 시작된 우리 가족의 1년간의 영국 생활을 담은 책이다. 나를 위한 이유는 명확했다. 7개월, 34개월밖에 되지 않은 아이들의 어린 시절, 영국에서의 특별한 추억을 기록으로 남기고 싶었다. 그리고 먼 훗날 '우리가 이렇게 영국에서 살았다'는 증거로 아이들에게 이 책을 건네고 싶었다. 다른 사람을 위한 이유 또한 명확했다. 영국 소도시에 머물던 우리는 조언 구할 곳이 마땅치 않아 사소한 일조차 처리하는 데 어려움을 겪었다. 우리와 같은 상황에서 영국 유학을 준비하는 사람에게 친절한 가이드가 되어 주고 싶었다. 그렇기에 꼭지 내용과 관련된 생활 팁을 추가로 넣었다.

이렇게 나와 너를 위한 이유를 모두 완성했다. 나의 계획은 영국에서 귀국하고 바로 초고를 작성하는 것이었다. 어떠한 일을 시작할 때 시끌벅적하게 소문내고 시작하는 편은 아니지만 이번에는 오랜만에 만난 친구에게 선포까지 했다.

"나 책을 쓸 거야."

혼자 간절히 바라는 것뿐 아니라, 주변 사람들에게 널리 알리고 시작하는 것도 때론 도움이 된다. 설령 그들의 반응이 한여름 혹은 장거리 달리기를 마친 후의 마시는 미지근한 물처럼 시원찮을지라도.

"네가 무슨 책이야."

친구도 네가 무슨 책이냐며 시큰둥한 반응을 보였다. 그래도 괜찮았다. 사실 나도 책을 쓰겠다고 말하고 있는 내가 조금은 뜬금없다고 느껴졌으니까.

어쨌든 마음을 먹고 나면 뒤돌아볼 필요 없이, 앞으로 나아갈 일만 남는다.

2

책 쓰기의 큰 그림을 그려 보자

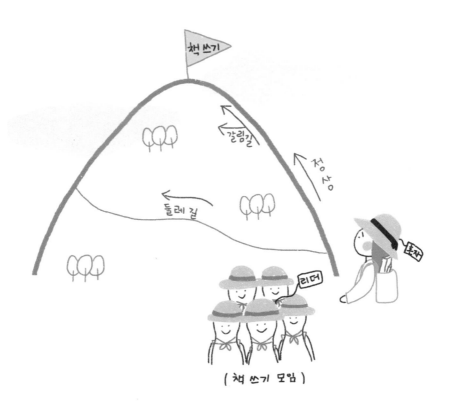

(책 쓰기 모임)

나는 책 출간 이라는 산 정상에 오르기로 다짐했다.

그러니까 나는 책 출간이라는 산 정상에 오르기로 다짐했다. 정상에 이르는 길은 다양하다. 직선으로 가는 가장 빠른 길부터 꼬불꼬불 돌아가는 길, 중간중간 여러 가지 갈림길도 나온다. 책 출간이라는 산을 등반할 때 혼자 올라가는 사람도 있지만 많은 이들은 같은 목적을 가진 동지와 함께 길을 나선다. 시중에도 다양한 책 쓰기 모임이 있다. 주로 책 쓰기 전문가가 예비 작가들을 모아 책 출간에 대한 전반적인 과정을 도와주는 형태다. 많은 사람들이 이런 모임을 통해 함께 산을 오르는 것은 가 보지 않은 길에 대한 막연한 두려움 때문일 것이다.

나 역시 정상이 보이지 않는 이 산을 오르는 것이 두려웠다. 전문가의 도움을 받는다면, 나와 같은 처지에 놓인 동지와 함께라면 헤매거나 외롭지 않게 책 출간이라는 정상에 도착할 것 같았다. 그래서 괜찮은 책 쓰기 모임이 어디 없나 기웃거려도 봤지만 그때마다 포기할 수밖에 없었다. 모임의 취지와 내용은 내 상황에 맞아도 참가비가 다소 부담스러웠다. 비용을 지불할 마음이 없으면 이 등산은 나 홀로 해내야 하는 것이다. 나는 혼자서 산을 오르길 택했다.

책을 혼자 쓰기로 결정을 하긴 했다만 …… 그래서 책은 어떻게 쓰는 거지? 막상 펜을 들려니 무엇부터 시작해야 할지 엄두가 나질 않았다. 무턱대고 조언이라도 구할 사람이 있을까 눈 씻고 찾아봐도 내 주변에는 책을 출간한 사람이 한 명도 없었다. 개인적으로 친분이 있는 작가라도 있으면 조금은 수월하게 접근할텐데 그건 어디까지나 내 욕심일 뿐이었다. 냉혹한 현실을 받아들이고, 나 스스로 방법을 찾는 수밖에 없었다.

적을 알고 나를 알면 백전백승. 먼저 적을 아는 것이 중요하다. 책 쓰기의 큰 그림을 그려 보기로 했다. 대학교 시절 한창 자격증 시험을 준비할 때 가장 먼저 한 일은 커뮤니티 카페에 가입한 후, 합격 수기를 열심히 찾아보는 것이었다. 한 개인이 실패와 성공의 경험을 낱낱이 적어 놓은 합격 수기를 읽다 보면 어떻게 공부를 해야 할지 큰 그림이 머릿속에 자연스럽게 그려진다. 또한 그들의 시행착오를 미리 알면 똑같은 실패를 반복하지 않을 수 있다. 때로는 전문 학원 강사의 조언보다 나와 같은 일반인의 생생한 경험이 훨씬 더 피부에 와 닿는 법이다.

책 출간도 마찬가지다. 문예창작과를 졸업하고 공모전에 등단한 작가의 화려한 데뷔 이야기보다 나와 같은 평범한 아줌마가 우여곡절 끝에 책을 낸 소박한 성공담이 실질직인 도움이 될 수도 있다. 책을 낸 사람들의 수기 자료를 열심히 모았다. 요즘같이 자신의 소중한 이야기를 나누고 싶어 안달 난 시대도 없지 않은가. 참 고마운 일이다. 심지어 실제 경험에서 우러난 고급 정보를 다양한 채널을 통해 거저 얻을 수도 있다. 출간과 관련된 유튜브와 블로그, 그리고 전문가들의 책만 잘 살펴봐도 책 쓰기의 청사진을 그릴 수 있다.

책을 내는 전체적인 순서는 다음과 같다.

1. 출간기획서 작성

2. 초고 완성

3. 출판사 메일 주소 수집

4. 원고 투고 (출간기획서, 샘플 원고)

5. 출판사 미팅

6. 출간계약서 작성

7. 퇴고

8. 책 출간

나는 책 출간이라는 적을 파악했고, 전략도 세웠다. 간단히 말하자면 이렇게 여덟 가지 단계를 차근차근 밟으면 내 책이 세상에 빛을 볼 수 있다는 말이다.

음, 괜찮지 아니한가. 큰 그림을 그리고 나니 나도 해볼 수 있겠다는 막연한 자신감이 솟아올랐다.

3.

나	는		베	스	트	셀	러		작	가	가		
											된	다	

1일 2일 … 98일 99일
오늘은 100일째 되는 날

나는 베스트셀러 작가가 된다.

기어코 이 일을 이룰 수 있다는 확신은 무슨 일을 시작할 때 그 일의 성공을 판가름하는 매우 중요한 요소다. 성공에 대한 믿음이 강한 사람은 그 일을 끝끝내 이루지만 믿음이 없는 사람은 중도에 포기하기 쉽다. 심지어 단순히 잃어버린 물건을 찾는 경우에도 이 법칙이 적용된다. 분명히 물건이 이곳에 있다는 강한 확신이 있으면 물건을 찾을 확률이 크지만 없을 것 같다는 생각에 빠져 있으면 대강 훑어만 보다가 쉽게 포기하고 만다.

책 출간이라는 적을 파악하고 나름 전략도 세웠는데 내 마음은 작은 바람에도 살랑대는 갈대처럼 자주 흔들렸다. 나를 가장 크게 흔드는 바람은 '네가 뭐라고 책을 쓰니'라는 생각이었다. 마음을 견고하게 하기 위해서는 스스로 확신을 갖는 과정이 필요했다. 기어코 나는 책을 내고야 말겠다는 믿음 말이다.

책 쓰기. 말만 들어도 뭔가 굉장히 심오하고, 아무나 도전하기 어려울 것 같았다. 이 막막한 감정을 뛰어넘기 위해 나는 하얀 종이 위에 다음과 같은 한 줄 선언문을 볼펜으로 꾹꾹 눌러 적었다.

나는 베스트셀러 작가가 된다.

그리고 100일 동안 하루도 빠짐없이 이 문장을 세 번씩 써 내려갔다. 새로운 도전 앞에서 사실 아주 두려웠고 주저하는 마음이 컸기에 스스로 할 수 있다는 긍정 확언의 시간이 필요했다. 매일 밤 온 가족이 잠들고 난 뒤 조용히 수첩을 꺼내 이 문구를 쓰고는 '나는 할 수 있다'고 마음속으로 되뇌었다.

내가 확신을 얻기 위해 했던 또 다른 방법은 초고를 쓰는 동안 서점을 자주 방문한 일이다. 서가에 꽂힌 수많은 책을 보면서 내 이름 석 자가 적힌 책이 진열되는 상상을 했다. 상상만으로도 가슴이 뛰고 초고를 쓰며 짓눌려 있던 마음이 한결 가벼워졌다. 그런 다음에 오늘도 뭐라도 써 보자는 다짐과 함께 서점을 나섰다.

4

출간기획서라고 들어는 봤니

휴우...

출간기획서
. . . .

난생처음 써 보는 출간기획서

책을 쓰기로 결심했다면 가장 먼저 출간기획서를 작성해야 한다.

　나는 살면서 출간기획서라는 것을 한 번도 본 적이 없다. 사실 단어조차 낯설다. 괜찮다. 모르면 어떠하리. 지금부터 알아가면 된다는 마음으로 출간기획서가 뭔지 공부하기 시작했다. 관련 자료를 모으고 전문 편집자가 쓴 책을 샅샅이 살펴보니 결국 출간기획서는 내 원고가 얼마나 흥미로운지를 일목요연하게 보여주는, 출판사의 마음을 사로잡기 위한 도구라고 할 수 있었다.

쉽게 말하면 내 책은 이런 책이야. 누구를 위해서 쓴 책이고, 이 책을 읽으면 이런 도움을 받을 수 있어. 그렇기 때문에 꼭 너희 출판사가 내 책을 내 줬으면 좋겠어. 이렇게 출판사에 제안하는 것이다. 출간기획서는 독자가 아니라 출판사를 설득할 때 필요하다. 독자들에게 다가가기 전에 출판사라는 관문을 먼저 넘어야 하는 셈이다. 그럼 출판사에서 내 원고에 대해 무엇을 궁금해할지, 어떤 기획서를 좋아할지 생각해 보자. 내가 출판사 편집자의 입장이 되어 보는 것이다.

나는 출간기획서의 차례를 정하고, 빈칸을 적어 내려갔다.

1. 작가 인적사항

출간기획서 상단에 이름, 메일, 주소, 전화번호, SNS 주소 등을 포함한 기본 인적사항을 표로 정리해 넣었다. SNS 칸에는 블로그, 인스타, 유튜브, 브런치를 비롯해 자신이 운영하는 모든 채널을 기재하면 된다. 아직 아무런 저작도 없다면 편집자가 가장 눈여겨보는 부분은 이 부분일 수 있다. 사실 SNS 인플루언서인 경우에는 출간기획서를 보내지 않아도 편집자의 눈에 띄어 먼저 출간 제의를 받기도 한다. 출판에서 저자의 인지도가 얼마나 중

출간 기획서

1	작가 인적사항		
2	예상 도서 제목		
3	책 소개	1) 분류	
		2) 계획의도	
		3) 책의 콘셉트	
		4) 예상 독자층	
		5) 경쟁 도서 ; 차별점	
4	저자 소개		
5	원고 진행 상태		
6	차례		
7	홍보 방안		

요한가를 알 수 있다.

그런들 어떠하고, 이런들 어떠하리. 나는 인플루언서가 아닌 것을. 내가 운영하는 SNS는 블로그밖에 없고, 그마저도 소소하게 나의 일상을 기록하는 용도로만 사용할 뿐이었다. 괜찮다. 우리나라에 출판사가 얼마나 많은데. 2019년 기준 등록 출판사 수는 7만 개가 넘으며, 최근 3년간 납본 실적이 있는 출판사는 9천여 개(2021 출판 연감 자료)에 달한다. 이 중 매년 5종 이상 책을 출간하는 출판사가 2~3천 개라고 하니 편집자가 아무리 적어도 2천 명은 넘을 테지. 정답은 없다. 2천 명의 기준이 똑같을 리 없고, 2천 명의 편집자 마음에 들어야 할 필요도 없다. 결국 내 책은 한 군데 출판사에서 나오는 것 아닌가. 단 한 명의 편집자 눈에 들면 책은 출간된다. 이 얼마나 희망찬 이야기인가. 움츠러들지 말고, 블로그 주소가 있다면 당당히 적어 보자. 이마저 없는 것보다는 훨씬 낫다.

2. 예상 도서 제목

예상 도서 제목은 임시로 정하는 것이기 때문에 그대로 책이 출간될 확률은 높지 않다. 이는 독자가 아니라 출간기획서를 열어 보는 편집자를 위한 것이다. 제목만 보고도 편집자가 곧장 내 샘플 원고를 읽어 보고 싶도록 매력적으로 만들어야 한다.

3. 책 소개

1) 분류

2) 기획의도

3) 책의 콘셉트

4) 예상 독자층

5) 경쟁 도서: 차별점

나의 책에 대해 친절하게 소개하는 부분이다. 책이 출간된 후 서점의 어느 서가에 꽂힐지 상상해 보자. 내 책이 어느 분류에 속할지 미리 생각해 놓고 글을 써 내려가면 독자를 설정하는 데 도움이 된다. 어렵다면 인터넷 서점에 들어가서 분류된 목록을 보고, 어디에 두는 게 좋을지 고민해 보자. 내가 이 책을 왜 쓰려고 하는지 기획의도를 적는다. 순수하게 이 책을 어떤 마음으로 쓰기 시작했는지 떠올려 보면 된다.

다음은 나의 첫 책《우리는 영국에서 일 년 동안 살기로 했다》의 기획의도다. 물론 정답은 아니다. 하지만 시작이 막막한 사람들을 위해 그 내용을 첨부한다.

모든 사람은 꿈을 품고 살아간다. 이 책은 그 꿈을 꺼내지 않고 가슴속에 꽁꽁 싸매고 있는 사람들에게 "당신도 할 수 있어"라는 용기를 북돋는다. 저자는 '영어권 나라에서 살아 보기'라는 꿈을 이뤘다. 경제적으로 넉넉하지 않아도, 어린 두 자녀가 있어도, 유별나게 똑똑하지 않아도 누구나 도전할 수 있다는 것을 몸소 보여 준다. 단, 용기와 실행력이 있다면 말이다. 모든 꿈이 그러하다. 완벽하게 준비된 때란 없다. 용기 내어 한 발을 내딛었을 때, 그 과정을 통해 배우고 성장한다. 그렇게 꿈은 이루어진다. 평범한 30대 중반의 부부가 그동안 살아왔던 안전지대를 버리고 꿈을 향해 어떻게 나아갈 수 있었는지에 대한 이야기와, 낯선 타국에서 네 식구가 겪는 좌충우돌 적응기를 담았다.

책의 콘셉트에는 내 원고의 성격을 한 줄로 간단명료하게 표현하면 된다. 나는 첫 책의 콘셉트를 이렇게 한 줄로 적었다.

외국살이를 꿈꾸고 있으나 현실적인 어려움으로 인해 주춤하는 사람에게 용기를 주는 책

예상 독자층이란 내 책을 읽게 될 독자들을 가리킨다.

외국살이를 꿈꾸는 30~40대 부부
가족 유학의 현실이 궁금한 사람

마지막에는 내 책과 유사한 경쟁 도서를 분석해 적는다. 경쟁 도서를 분석하는 일은 아주 중요하다. 내 원고의 콘셉트와 완전히 똑같은 책이 있는 것도, 혹은 비슷한 책이 아예 없는 것도 좋은 일은 아니다. 완전히 똑같은 책이 있다면 내 원고에 어떤 차별성을 두면 좋을지 고민해 봐야 한다. 여지껏 비슷한 책이 나온 적 없다면 나만 쓸 수 있는 독보적인 내용 때문일지, 아니면 사람들이 전혀 흥미를 갖지 않는 분야 때문일지 원인을 분석해 볼 필요가 있다.

4. 저자 소개

다른 책의 저자 소개 글을 살펴보자. 다른 작가들이 자신을 어떻게 소개했는지를 분석해 보면 나도 어떻게 써야 할지 감이 온다. 나를 소개하는 부분이지만 이왕이면 내 책과 관련된 경험을 주로 드러내도록 하자. 책의 주제와 관련이 없는 불필요한 내용은 되도록 쓰지 말자.

5. 원고 진행 상태

출간기획서를 읽는 편집자는 그래서 얼마만큼 초고를 작성했는지 궁금해할 수 있다. 200자 원고지로 몇 장이 나올 예정이고, 그중 초고가 몇 퍼센트 완성되었는지 친절하게 적어 주자(200자 원고지로 몇 장이 되는지는 한글 프로그램에서 쉽게 확인할 수 있다). 편집자는 한 번도 책을 출간해 본 적이 없는 예비 작가가 과연 책 한 권 분량의 원고를 다 쓸 정도로 글쓰기 근력과 지구력을 갖고 있는지 알고 싶어 한다.

6. 차례

책 쓰기의 절반이라는 차례. 시작이 반이라는 말이 있듯이 책 쓰기의 반은 차례를 구성하는 것에 있다. 책의 콘셉트에 맞게 책의 차례를 만들어 내는 것은 오롯이 저자의 몫이다. 편집자는 기획서에 적힌 차례를 통해 책의 전체적인 흐름을 파악하고, 저자의 필력과 감각을 유추할 수 있다. 차례를 짜는 방법은 다음 꼭지에서 더 자세히 다룬다.

7. 홍보 방안

원고 투고를 하고 이튿날 오전 모르는 번호로 전화벨이 울렸다. 전화를 받으니 한 출판사의 편집자였다. 자기네 출판사는 더 이상 여행 에세이를 내지 않지만 내 출간기획서를 보고 조언을 주고 싶어서 전화를 했다고 한다. 그러면서 불쑥 던지는 질문 하나.

"편집자가 출간기획서를 볼 때 무엇을 가장 중요하게 생각하는지 아세요?"

음, 순간 머릿속에 여러 단어가 둥둥 떠다니기 시작했다. 차례? 주제? 홍보? 머뭇거리는 순간 편집자의 목소리가 들렸다.

"홍보 방안이에요."

결국에 작가가 이 책을 얼마큼 팔 수 있는지가 가장 중요하다고 한다. 책을 출간하느냐, 마느냐가 저자 파워에 달린 셈이다. 저자가 책을 판매할 수 있는 방법이 무엇이 있을까? 아무리 홍보 방안이 중요하다 할지라도 거짓말은 쓰지 말자. 최대한 할 수 있

내가 이 책을 쓰는 이유가 뭐지?

는 만큼만 성실하고 진실 되게 적는다.

책 쓰기의 첫 단계인 출간기획서는 펜을 들기 전 전체적인 그림을 그리고 책의 목적과 방향을 뚜렷하게 정하는 과정이다. 이것이 책 쓰기라는 마라톤에서 중심을 잃지 않도록 도와줄 것이다.

5

책 쓰기의 절반이라는 차례

출간기획서를 작성하기 위해서는 먼저 차례가 완성되어야 한다. 보통 차례를 보면 책의 내용을 한눈에 알 수 있다. 나는 서점에 가서 진열된 책을 볼 때 일단 제목과 표지부터 살핀다. 제목과 표지가 마음에 들면 책을 펼쳐 저자 소개, 차례 그리고 프롤로그까지 읽은 후 그 책을 살지 말지를 결정한다. 이 정도 살펴보면 책의 전반적인 내용과 작가가 의도하는 바를 알 수 있기 때문이다. 결국 내 시간을 소비해 책 한 권을 다 읽을만한 가치가 있다고 느껴졌을 때 지갑을 연다.

그래서 차례를 어떻게 짜란 말인가. 처음 차례를 구성할 때 나는 먼저 종이와 펜을 준비했다. 그리고 책의 주제에 맞는 키워드를 생각나는 대로 써 내려갔다. 약 40개 정도.

키워드 작성이 끝나면 각각의 키워드 밑에 그와 관련된 경험 혹은 감정을 한 줄로 짤막하게 정리했다. 이렇게 키워드마다 나의 이야기를 더하면 글을 풍성하게 써 내려가는 데 도움이 된다.

그다음은 40개의 키워드를 약 4~5개의 그룹으로 묶는 작업, 즉 챕터를 나누었다. 각각의 이야기를 어떤 주제로 모을 것인지를 생각하는 과정이다. 에세이라면 시간의 흐름, 장소, 인물, 관점, 분위기, 감정, 특징 등 다양한 주제로 엮어 보고 여러 집합으로 분류해 본 후, 독자의 입장에서 가장 자연스럽게 읽히도록 챕터를 나누면 된다. 나의 책《우리는 영국에서 일 년 동안 살기로 했다》의 경우 가을, 겨울, 봄, 여름 내가 경험한 계절의 흐름대로 챕터를 구성했다.

챕터까지 완성된 후에는 투박하고 딱딱한 키워드를 말랑말랑하게 읽히는 제목으로 다듬는 작업이 필요하다. 이 작업을 할 때에는 서점에서 경쟁 도서들의 차례를 분석하고 또 분석하길 추천한다. 다른 책의 차례를 읽다 보면 알 수 있다. 이런 문장으로 쓰니 눈에 확 들어오는구나. 나도 이와 비슷한 에피소드가 있는데. 이렇게 글을 배치하니 좋구나. 자꾸 들여다보면 자연스럽게 어떤 구성이 좋은지 눈에 보이고 내 책의 차례를 다듬는 능력도 생긴다. 차례만 보고도 무슨 이야기인지 궁금해 책을 들춰 보고 싶게 말이다.

차례를 완성하고 나면 이미 책 쓰기의 절반을 끝낸 셈이다. 다음은 빈 문서에 차례를 작성해 넣고, 그 순서대로 원고를 작성해 나가면 된다.

1. 주제에 맞는 키워드를 적어 본다.

타임머신

· · ·

수선화   널서리

· · · · ·   청정 엄마   (Nursery)

뚜벅이 · · ·   입국   · · ·   돌잔치

생일 파티   · · ·

크리스마스

· · ·   바비큐   · · ·

유럽 여행 · · ·   생활준비

2. 키워드를 계절에 따라 묶어보았다.

6

특별한 사람만 책을 쓴다는 착각

어디선가 "책은 누구나 쓸 수 있지만 아무나 쓸 수는 없다"라는 문장을 보았다. 아무나 쓸 수는 없는 것이다. 하지만 누구나 쓸 수 있는 것이 책. 아무나 쓸 수 없다는 말을 들으면 절망에 빠지지만 누구나 쓸 수 있다는 말을 들으면 나도 할 수 있겠다는 희망이 솟아오른다.

나는 아무나인가, 누구나인가. 책을 쓰기로 마음먹기 전 누군가 나에게 "당신은 어떤 사람인가요?"라고 질문을 하면 순간 "집에서 어린아이 둘을 키우고 있는 평범한 아기 엄마입니다"라는 대답밖에 떠오르지 않았다. 나라는 정체성에 엄마 말고는 떠오르는 단어가 없었다. 가끔 친정 엄마는 나를 보며 답답한 듯 "그러려면 뭐 하러 배웠니"라는 핀잔을 주시기도 했다. 어차피 두 아이의 엄마로만 살아갈 거면 굳이 돈 들여 시간 들여 그 힘든 공부를 왜 했냐는 말이다.

아이 두 명을 키우는 전업주부인 나. 특별히 내세울 만한 능력이 없다고 생각하니 책을 쓸 소재가 딱히 떠오르지 않았다. 내 삶을 조금 더 자세히 들여다 보기로 했다.

나는 어떤 주제로 글을 쓸 수 있을까?
나는 책에 어떤 내용을 담고 싶은가?

책의 주제를 잡기 전에 자신에 대해 곱씹어 보는 시간이 필요하다.

나는 무엇을 잘하나?
나는 어떤 분야에 관심이 있지?
내가 잘하고 싶어 하는 일은 무엇일까?

아무리 고민해 봐도 남들보다 특별히 잘하는 일이 없다고 느낄 수 있다. 하지만 잘하는 일이 없는 것이 아니라 아직 잘하는 일을 발견하지 못했을 뿐이다. 그럼에도 잘하는 일이 없다는 생각이 든다면 지금 잘하진 않지만 자신의 관심 분야 혹은 앞으로 잘하고 싶은 영역을 떠올려 보자. 조금 더 쉽게 찾을 수 있을 것이다.

현재의 삶 속에서 생각나지 않는다면 과거, 현재, 미래의 내 모습을 떠올려 보자.

나는 과거에 무엇을 잘했나?
나는 현재 무엇을 하면서 시간을 보내지?
나는 미래에 무엇을 잘하면 좋을까?

꼬리에 꼬리를 물고 생각을 이어 가다 보면 분명 좋아하는 일을 찾을 수 있을 것이다.

나는 가족과 함께 여행 다니길 좋아한다. 주말이면 어김없이 집에서 두 시간 정도 걸리는 근교로 나들이 가길 즐긴다. 지방 일주일 살기 프로젝트에 참여해 마을 곳곳을 둘러본 적도 있다. 이렇게 가족과 여행을 다니는 일이 취미로 그치지 않고 글쓰기의 주제가 될 수도 있다. 나는 기회가 된다면, 아니 기회를 만들어 가족과 함께 하와이 한 달 살기를 하고 싶다. 그리고 '아이들과 함께 하와이 한 달 살기'라는 주제로 책을 낼 야무진 꿈까지 꾼다. 지금 내가 좋아하는 일이 충분히 책 쓰기의 계기가 될 수 있다는 말이다. 너무 어렵게 생각하지 말자.

나는 엄마가 되기 전에 무엇을 했었는지 떠올려 보았다.

현재는 두 아이의 엄마라는 타이틀이 전부지만 나도 과거엔 직업이라는 게 있었지.

나뿐만 아니라 모든 엄마들이 그렇다. 자신만의 본업이 있었다. 단지 그것을 잊고 살아갈 뿐.

나는 꽤 오랫동안 임상에서 감각통합치료사로 일했다. 그랬었지. 맞다. 곰곰이 생각한 끝에 평소에 잊고 살았던 과거의 나를 기억 속에서 끄집어 올렸다.

과거의 나: 감각통합치료사

현재의 나: 집에서 아이들과 어떻게 시간을 보내야 할지 고민하는 두 아이의 엄마

과거의 나와 현재의 나를 연결해 책의 주제를 정할 수 있었다. 과거의 내가 쌓아 온 치료사로서의 경력과 현재 두 아이를 키우는 엄마의 경험을 떠올리자 책 한 권 쓸거리가 생겼다. 그렇게 두 번째 책 《감각통합놀이》를 대학 동기들과 함께 공저로 출간했다.

과연 특별한 사람만 책을 쓰는 것일까? 나는 절대 아니라고 생각한다. 특별하게 잘하는 일 하나 없이 평범함만 장착한 나도 책을 썼으니 자신 있게 말할 수 있다. 당신도 책을 쓸 수 있다고.

주제를 잡는 것이 아직도 어렵게 느껴진다면 나의 역할role에 대해 곰곰이 생각해 보자. 이 세상에서 오롯이 한 가지 역할만 가진 사람은 없다. 나의 현재 역할은 무엇일까?

현재 나의 역할은 뭐지?

아이들의 엄마

감각통합치료사

블로거

- 아내

- 엄마

- 누군가의 딸이자 며느리

- 작업치료사

- 감각통합치료사

- 가족상담사

- 블로거

- 창업가

- 여행가

- 예시) 사진작가, 디자이너, 가수, 다이어터, 유튜버, 플로리스트, 바리스타, 요리사, 강사, 선생님, 간호사, 의사, 사회복지사, 상담사, 인사 담당자, 면접관, 영어 선생님, 여행 가이드 등등

　나의 다양한 역할을 살펴보다 보면 책의 주제가 좁혀진다. 꼭 자신의 경험으로만 책을 쓰는 것은 아니다. 나의 이야기가 아니라 다른 사람의 이야기를 쓸 수도 있다. 나는 며느리라는 입장에서 이런 주제를 떠올려 보았다.

　이 시대의 시어머니가 며느리에게 하고 싶은 말
　이 시대의 며느리가 시어머니에게 하고 싶은 말

이 주제로 시리즈를 내면 어떨까? 결혼한 지 10년 정도 된 며느리 열 명을 같은 주제로 인터뷰한 후, 요즘 시대 며느리들의 생각을 글로 엮는 것이다. 꼭 나의 이야기가 아니라 내가 관심 있는 주제에 대해서도 글을 쓸 수 있는 다양한 방법이 있다.

과거, 현재를 탐색했는데도 여전히 글쓰기 주제를 잡기 어렵다면 미래에 나는 무엇을 잘하고 싶은지 곰곰이 상상해 보자. 만약 사진을 잘 찍고 싶다면 하루에 한 컷씩 사진을 찍어 보는 식이다. 풍경이든 인물이든 아무것이나 괜찮다. 사진을 찍은 다음 사진을 찍을 때 나의 생각, 감정, 경험 들을 사진과 함께 글로 기록하는 것이 중요하다. 그렇게 하루 이틀 글이 쌓이다 보면 점차 책의 주제가 구체화될 것이다.

매일 똑같은 일상을 반복하는 직장인들은 어떤 글을 쓰면 좋을지 생각해 보자. 지하철을 타고 출퇴근을 한다면 '출퇴근길 자투리 시간 활용하기' 같은 주제는 어떨까? 자투리 시간에 무엇을 하는지, 매일 한 시간씩 한 가지 일에 집중했더니 어떤 성과가 있었는지 기록해 보자. 이렇게 쌓이는 시간들이 한 권의 책이 될 수 있다.

커피 마시길 좋아하고 커피숍 다니길 즐기는 사람이라면 자신이 방문한 커피숍만의 커피 맛과 인테리어 특색, 시그니처 메뉴 등을 분석해서 SNS에 글을 올려 보자. 그러면서 자신이 쓰는 글의 특색을 찾아보는 것이다. 여기서 가장 중요한 포인트는 기록이다. 기록을 남겨야 오롯이 나의 경험이 된다.

책, 당신도 쓸 수 있다. 아무나가 아니라 누구나가 되어 보자. 반짝이는 나의 모습을 아직 꺼내지 못했을 뿐, 우리 모두는 이미 특별한 사람이다.

평범한 일상이 특별해지는 마법

블로그 시작.
일상이 글이 되니 특별해진다.

나의 원고는 블로그에서 시작되었다. 책을 내기로 결심하기 전 나는 꽤 오랜 기간 하루에 하나씩 블로그에 글을 써 왔다.

SNS를 전혀 하지 않던 나에게 누군가 "블로그를 해 보는 게 어때?"라고 권해 주었을 때 나는 고개를 좌우로 흔들며 손사래를 치곤 했다.

"에이, 저는 쓸 말이 없어요. 글도 못 쓰고요."

늘 글을 읽는 입장이었던 내게 글을 쓴다는 것은 상상하기조차 힘든 일이었다. 심지어 블로그는 누구나 검색하면 볼 수 있도록 공개되어 있는 곳 아닌가. 그렇게 나는 블로그를 절대 할 수 없는 이유만을 떠올렸다.

그랬던 내가 블로그를 시작한 건 영국 생활을 하면서부터였다. 영국에서 나는 어린아이 두 명을 키우는 그저 그런 아줌마일 뿐인 내 생활이 무료하고 지긋지긋했다. 남편이 학교에 가면 7개월, 34개월 아이들과 덩그러니 남아 '이곳이 감옥이구나' 생각하며 지냈다. 갑갑한 감옥 같았던 그곳에서 시간과 공간에 제한받지 않고 할 수 있는 건 블로그였다. 그렇게 나는 내 삶에 어떠한 변화를 주기 위해 블로그를 선택했는데, 이 일은 지금껏 내가 한 일 가운데 손에 꼽을 정도로 잘한 일이다. 블로그를 열지 않았다면 기대에 부풀어 떠났던 영국에서의 1년은 내 인생 최대의 암흑기가 되었을지도 모른다.

무료하고 지긋지긋했던 일상을 글로 풀어 가기 시작하니 신기하게도 나의 평범했던 일상에 생기가 돌아왔다. 글감을 찾기 위해 내 삶을 자세히 들여다보았고, 그것을 표현하려고 애를 썼다. 그렇게 내 일상이 하나둘 특별해졌다.

마트에서 장을 볼 때는 영국의 물가, 음식 문화, 식재료 등 우리나라와 다른 점이 눈에 띄었다. 김치가 먹고 싶어 어쩔 수 없이 내 손으로 김치를 담글 때는 외국에서 간단하게 김치 담그는

마트에서 장을 보는 나

김치를 담그는 나

버스를 타는 나

법에 관한 포스팅을 했다. 버스를 탈 때는 우리나라와 다른 버스 구조, 버스에서 지켜야 하는 에티켓에 대한 내용을 적어 내려갔다. 블로그에 글을 쓰기 전에는 귀찮게 느껴졌던 일들이 점차 즐거운 일이 되었다. 글로 표현된 나의 경험들이 차곡차곡 쌓여 내 삶의 증거가 된다고 생각하니 글쓰기가 더할 나위 없이 소중하게 느껴졌다.

그렇게 글쓰기를 생활화하다 보니 자연스레 "더 잘 살아야겠다", "더 괜찮은 사람이 되어야겠다"라는 생각이 들었다. 내 삶에 글쓰기의 선순환이 일어난 것이다.

일단 블로거가 되어 보자

글쓰기의 근력을 키우기 위해서는 매일 글 쓰는 훈련을 하는 것이 가장 중요하다. 매일 글을 쓴다는 것, 절대 쉬운 일이 아니다. 더욱이 혼자 하는 건 더 어렵다. 그렇기에 같은 목적을 가진 사람들이 함께 지속적으로 모임을 갖는 것 아니겠는가. 운동도 혼자 하는 것보다 함께하면 더 오래 할 수 있으니 말이다.

"혼자 가면 빨리 가지만, 함께 가면 멀리 간다"라는 말이 있듯이 혼자 골방에 틀어박혀 자기만 볼 수 있는 글을 적는 것보다 다른 사람들도 다 볼 수 있는 SNS에 공개적으로 글을 적는 것이 글쓰기의 근력을 키울 좋은 방법이다. 또한 SNS를 하다 보면 자연스럽게 함께하는 동지들이 생긴다.

블로그, 인스타, 유튜브, 브런치, 페이스북 등등 다양한 SNS 채널이 존재한다. 모든 채널을 잘 운영할 수 있다면 좋겠지만 일단 처음에는 하나의 채널부터 구축해 나가는 것이 좋다. 자신의 콘텐츠에 더 잘 맞는 SNS 채널을 선택하자. 그림이나 사진이 메인 콘텐츠인 경우에는 인스타그램을 활용하는 것이 낫다. 글쓰기 근력을 키우고 싶다면 블로그를 추천한다. 가장 쉽고 부담 없이 접근할 수 있으며 글밥이 많은 채널이기 때문이다. 자신의 콘텐츠에 맞는 채널을 찾아보자.

SNS를 왜 해야 할까

1. 매일 SNS에 글을 쓰면 글쓰기 실력이 향상된다.

2. 책 주제가 구체화된다.

3. 글에 달리는 댓글을 통해 다른 사람의 반응을 볼 수 있다.

4. 다른 사람의 반응을 통해 글감이 풍성해진다.

5. 출판사에서 SNS을 보고, 출간 제의가 들어올 수 있다.

6. 원고 투고를 할 때 도움이 된다.

7. 출간 이후 책을 홍보하는 통로가 된다.

SNS을 해야 할 이유보다 하지 말아야 할 이유를 찾는 것이 더 힘들다. 특히나 책을 쓰기로 마음먹었다면 오늘 당장 SNS 계정을 열어야 한다. 분량이 얼마나 되든 하루에 하나씩 글을 쓰는 것을 목표로 삼자. 이 원칙만 제대로 지켜 나간다면 자연스럽게 주제가 좁혀지고, 나도 모르게 글 솜씨가 늘 것이다. 글을 쓰다 보면 사람들의 반응을 자연스럽게 살필 수 있고, 독자들이 어떤 글을 좋아하는지도 알 수 있다.

글로 적을 만큼 내 일상에 특별한 것이 없다는 생각이 들 수도 있다. 꼭 특별하지 않아도 괜찮다. 누구나 매일같이 반복적으로 돌아가는 일상을 특별하다고 느끼긴 어렵다. 하지만 글로 써 내려감으로써 내 인생에 특별함을 더할 수 있다. 보잘것없던 나의 일상은 글이 되면서 그 자체로 빛이 난다. 그렇게 나만의 색채를 띤 특별함이 생긴다.

우리는 누구나 24시간을 산다. 그렇게 살아가는 시간을 기록해 보자. 예를 들면 다음과 같다.

- 요리를 잘하는 사람은 레시피를 사진과 함께 글로 남긴다.
- 운동이 취미라면 자신의 운동법과 몸의 변화를 SNS에 포스팅한다.
- 다이어터는 하루하루 다이어트하는 과정을 자세하게 적는다.
- 아이를 키우는 엄마라면 아이가 자라는 모습을 글에 담는다.
- 쇼핑을 즐기는 사람은 쇼핑몰을 분석하거나 혹은 구입한 물건에 대한 리뷰를 작성한다.
- 여행을 자주 간다면 여행 루트, 맛집, 팁에 대한 글을 쓴다.
- 커피를 좋아하는 사람은 원두 또는 커피숍을 소개하거나, 커피 만드는 법을 다룬다.
- 친환경주의자라면 일상생활에서 쉽게 실천할 수 있는 환경 보호 방법을 알려 준다.

요리를 잘 하는 사람은
레시피를 사진과 함께 글로 남긴다.

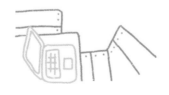

여행을 자주 간다면
여행 루트, 맛집, 팁에 대한 글을 쓴다.

- 그림 그리기를 좋아한다면 간단한 그림을 하루에 한 컷씩 그린다.
- 뜨개질이 취미라면 뜨개실을 추천하거나, 뜨개질한 완성품을 보여 준다.
- 주식을 하고 있다면 매일 주식 차트를 분석해 본다.
- 부동산에 관심이 많다면 주목하고 있는 지역의 매물을 SNS에 올린다.
- 등산이 취미라면 등산 코스, 등산 용품, 등산하면서 마주치는 풍경 등을 기록한다.
- 캠핑을 자주 간다면 캠핑 장소, 캠핑 용품, 캠핑 노하우를 들려 준다.
- 꽃을 좋아하는 사람은 매일 거리에서 만나는 식물에 대한 포스팅을 하나씩 남겨 본다.

나는 뭘 쓸 수 있을까? 더 구체적으로 쪼개서 생각해 보자. 아이를 키우는 엄마라면 어떤 소재로 글을 쓸 수 있을까?

- 이유식 만드는 방법
- 매일 성장하는 아이의 발달 과정
- 아이의 사랑스러운 말 한마디
- 아이와 함께 갈 만한 곳: 주말여행, 키즈카페, 놀이터, 국내 여행, 해외여행
- 아기 용품 리뷰
- 엄마표 놀이, 엄마표 영어, 엄마표 요리, 엄마표 과학 ……

아이를 키우는 엄마라면
아이가 자라는 모습을 글에 담는다.

- 엄마의 자기계발

- 육아 에세이

하나의 역할을 쪼개고 쪼개서 더 구체적인 주제로 들어갈 수 있다. 자신이 가장 흥미로워하는 소재로 SNS에 글을 써 보자.

내가 좋아하는 주제를 생각한 후 무작정 SNS를 시작하는 것도 좋지만 조금 더 전략적이고 똑똑하게 접근하고 싶다면 먼저 출간기획서를 써 보길 추천한다. 출간기획서가 완성되었다면 차례도 나온 셈이다. 한 꼭지씩 자신의 SNS에 올려 보자. 혹은 그 반대도 좋다. 이미 SNS에 글을 쌓아 온 사람이라면 자신의 SNS를 잘 들여다보자. 나란 사람은 어떤 것에 관심이 있는지 SNS를 자세히 보면 알 수 있다. 그곳에서 책의 주제를 찾아낼 수 있다는 말이다.

처음에는 어떤 글을 적어야 할지 막막할 수 있다. 누구나 시작은 그렇다. 나만 그런 것이 아니라는 사실이 위로가 된다. 막상 펜을 들면 생각보다 나의 경험과 관심사를 글로 풀어 쓰는 것이 쉽다는 사실을 깨달을 것이다. 내가 직접 보고 느낀 경험들은 나의 몸이 기억하고 있기에 글로 술술 풀어 나갈 수 있다.

일단 오늘 당장 SNS를 시작해 보자.

2부

난생처음 원고 투고

1

원고 투고는 언제 해야 할까

내가 책 한 권 분량의 글을 다 썼다고 해서 책이 나오는 것은 아니다. 결국 내 책을 출간해 줄 출판사를 운명처럼 만나야 한다.

먼저 연락이 와서 "저희 출판사에서 당신 책을 출간하고 싶습니다"라고 하면 얼마나 좋을까. 일반인에게 이런 일이 일어나려면 SNS를 통해 꾸준히 좋은 콘텐츠를 쌓아 왔어야 하며, 내 글을 좋아하는 팬층이 두텁게 형성되어 있어야 한다.

SNS라곤 그저 블로그 하나. 그것도 시작한 지 겨우 반년 됐을 무렵 책 쓰기를 결심한 내게 이런 일이 일어날 확률은 거의 제로였다. 내가 글을 쓰고 있는 걸 출판사에서 알 리가 없으니 나는 원고 투고라는 단계를 피해 갈 수 없었다. 원고 투고란 나의 글을 책으로 출간할 의향이 있는지 출판사에 직접 제안을 해 보는 것이다.

그럼 원고 투고는 언제 해야 할까?

초고를 쓰기 전?

초고가 중간 정도 완성되었을 때?

초고를 완성한 후?

시기에 따라서 출판사에 보낼 수 있는 파일이 달라진다.

출간기획서만 보낸다.

출간기획서와 샘플 원고를 보낸다.

출간기획서와 전체 원고를 보낸다.

출간기획서와 샘플 원고, 전체 원고를 보낸다.

초고를 쓰기 전에는 출간기획서밖에 보내지 못할 테고, 원고를 쓰는 중이라면 샘플 원고 정도는 함께 첨부할 수 있고, 초고가 완

선택 1) 출간기획서

선택 2) 출간기획서 + 샘플 원고

선택 3) 출간기획서 + 전체 원고

선택 4) 출간기획서 + 샘플 원고 + 전체 원고

성된 다음에는 전체 원고까지 모두 보내 줄 수 있다. 혹시나 독보적인 콘텐츠를 갖고 있고, 책 주제에 맞는 전문적인 경력이 탄탄하게 있으며, 나를 홍보해 줄 SNS가 준비되어 있다면, 출간기획서만 보내도 출간 계약으로 이어질 수 있다. 준비되어 있는 자에게는 기회가 찾아온다.

그렇지 않다면 스스로 기회를 만들어 가면 된다. 일단 나는 초고를 완성하기로 결심했다. 이전에 책을 낸 적이 없기에 책 한 권 분량의 글을 과연 내가 쓸 수 있을지가 궁금했다. 또한 샘플 원고를 잘 만들기 위해서는 전체 원고가 필요하다고 생각했다. 다섯 꼭지만으로 샘플 원고를 만드는 것보다 마흔 꼭지를 완성해 그 중 가장 자신 있는 것을 골라서 샘플 원고를 만드는 것이 훨씬 더 완성도가 있을 테니까.

나는 초고를 완성했음에도 투고할 때 출간기획서와 샘플 원고만 보내기로 했다. 이 정도면 굳이 전체 원고까지 보내지 않아도 편집자가 원고를 판단하기에 충분하다고 생각했다. 출판사 편집자가 얼마나 바쁜데 투고된 전체 원고를 일일이 다 읽어 보겠는가. 출간기획서와 샘플 원고만 검토해도 이 분야의 전문가인 편집자는 독자들에게 사랑받을 원고인지 알아차릴 것이다. 전체 원고를 보여 주기보다 가장 자신 있는 글로 엮은 샘플 원고를 보여 주는 것이 더 좋은 전략이 아닐까.

내 글이 궁금한 편집자는 전체 원고를 보내 달라고 요청하기도 한다. 이런 경우 전체 원고를 다 쓰고 투고를 했다면 바로 보내 줄 수 있으니 도움이 되겠지만 원고가 출판사의 방향과 맞지 않다면 이미 써 놓은 전체 원고의 상당 부분을 수정해야 할 수도 있다. 혹여 이런 일이 생긴다면 초보 작가가 으레 겪는 시행착오라 여기고 더 좋은 책이 될 과정으로 받아들이자. 모든 경험은 피가 되고, 살이 된다.

결론:
원고 투고를 할 때는 초고를 완성한 뒤,
출간기획서와 샘플 원고를 첨부한다.

자. 이제 열심히 초고를 써 보자.

2

초고를 완성한다는 것

나는 주말을 제외하고 평일에는 하루에 한 꼭지씩 글을 쓰기로 결심했다. 초고를 작성할 때 가장 중요한 것은 시간을 확보하는 일이다.

글 쓰는 시간을 얼마나 확보할 수 있는가.

글을 잘 쓰는 것 못지않게 글쓰기에 쏟는 시간도 중요하다. 무슨 일이든지 시간을 투자하지 않으면 변화를 기대하기 어렵다.

나에게 글 쓸 기회는 하루에 두 번 주어진다. 첫 번째 기회는 아이가 어린이집에 간 오전 시간이다. 두 번째 기회는 아이들이 잠들고 난 후, 밤 열한 시에서 새벽 한 시까지다. 나는 글쓰기 시간을 정하고, 그 시간을 철저하게 지키려고 노력했다. 견딜 수 없이 아파 응급실에 실려 갈 정도가 아니라면 무조건 그 시간에는 키보드를 두드리기로 다짐했다.

또한 책을 쓸 때는 나에게 맞는 최적의 환경을 만드는 것이 중요하다. 시간과 공간에 따라 글이 술술 써지기도 하고 꽉 막히기도 한다. 오전 시간에는 아파트 후문에 위치한 한적한 동네 커피숍에서 글을 썼다. 추운 겨울에도 에코백에 노트북만 달랑 넣고 어김없이 문을 나섰다.

"나 책 쓰고 올게."

내가 말하고도 웃음이 났다. 책을 쓰고 온다니. 누가 책을 내준다고 한 것도 아니고, 책 내겠다는 나의 결심을 출판업계 사람들이 알아봐 주는 것도 아닌데 혼자 책을 쓴다고 우기는 꼴이란.

두꺼운 코트를 걸쳐 입고 뚜벅뚜벅 걸어 커피숍에 들어와 늘 앉던 창밖이 잘 보이는 테이블에 자리를 잡고 따뜻한 밀크티를 주문했다. 예쁜 찻잔에 담긴 밀크티를 마시면서 키보드를 두드리면 왠지 글이 술술 풀릴 것 같은 이 느낌. 영국을 다녀온 뒤로 밀크티를 마시면 자연스럽게 영국에서의 추억이 소환되곤 했는데, 이런 기분은 영국 생활을 담은 나의 첫 책을 쓸 때 큰 도움이 되었다. 내가 마련한 글쓰기 환경이다.

어떤 날은 정말 한 글자도 써지지 않을 때가 있다. 어떤 문장으로 시작해야 할지 몰라 빈 화면 앞에서 숨이 턱 막히곤 했다. 대체 이렇게 표현력이 떨어지는 사람이 무슨 글을 쓰겠다고. 내가 책을 내면 온 세상 사람이 책을 내겠다 싶은 심정으로 자괴감

이 몰려왔다.

　겨우 몇 문장 끄적인 걸 다시 읽어 보면 딱 초등학교 6학년 수준이었다. 답답했다. 한번은 답답해하는 나를 보며 친정 아빠가 말씀하셨다.

　"누가 봐도 쉽게 읽히는 글이 좋은 글이다."

　아빠는 감정 표현이 풍부하지 않아도, 필력이 뛰어나지 않아도 괜찮다고 토닥여 주셨다. 누가 읽어도 술술 읽히도록 쉽게 쓰는 것이 가장 좋은 글이라고. 친정 아빠의 말씀이 따뜻한 위로가 됐다. 거창하게 표현하려고 하기보다 담백하고 쉽게 전달하려고

그래. 잘 쓰려고 하지 말고 쉽게 써 보자.

하면 글쓰기가 조금 수월하게 느껴진다.

초고를 작성할 때 꼭 지켜야 할 것이 있다면 하루에 한 문장이라도 완성하는 것이다. 때로는 글을 쓴답시고 노트북을 켠 채 하염없이 한글 문서의 흰 바탕만 바라보면서 썼다 지웠다를 반복할 때도 있었다. 그렇게 도통 진도가 나가지 않는 날에도 나는 한 문장이라도 써 내려가려고 무던히 애를 썼다. 사실 지금도 키보드를 두드리고 있지만 막막함에 울고 싶을 지경이다. 하지만 괜찮다고 오늘도 나를 토닥인다. 이 말도 안 되는 글이 다듬어지고 또 다듬어지면 읽기 좋은 예쁜 글이 될 거라고.

그렇기에 오늘도 한 문장이라도 적어 본다. 이렇게 써 내려간 한 문장이 모이고 모여 한 권의 책이 되는 기적이 일어나기를 바라며.

3

출판사 메일 주소 찾아 삼만 리

초고가 완성되어 간다면 본격적으로 원고 투고를 준비해도 좋다. 옛날에는 저자가 직접 자필로 적은 원고지를 들고 출판사를 찾아가거나 출력한 원고를 출판사에 우편으로 부쳤다고 한다. 하지만 요즘은 인터넷이면 다 되는 세상 아닌가. 출간기획서와 샘플 원고를 파일로 첨부해서 메일 발송 버튼만 누르면 원고 투고가 되는 좋은 시대에 살고 있다. 이 얼마나 간단한가. 출판사 메일 주소만 알면 된다.

출판사 메일 주소는 어떻게 알 수 있을까? 책의 본문 맨 앞쪽이나 맨 뒤쪽에 판권면이라는 것이 있다. 책과 출판사에 대한 정보가 기재된 곳이다. 인쇄일, 발행일, 지은이, 펴낸이, 책임 편집, 디자인 등에 이어 출판사 메일 주소가 나온다.

인터넷 서점에 들어가 내가 쓰려고 하는 책과 같은 분야 베스트셀러를 찾아보는 것도 도움이 된다. 최근 순위권 안에 들어 있는 책이 어느 출판사에서 나왔는지 먼저 정리한 후, 검색을 통해 출판사 메일 주소를 모은다. 온라인 서점보다 오프라인 서점이 정보를 얻기에 더 수월하다. 인터넷 서점에는 출판사 이름 정도만 나올 뿐 메일 주소까지 기재되어 있지 않다. 그럼 다시 검색어에 출판사 이름을 넣고 출판사 홈페이지 혹은 공식 블로그를 찾아 정보를 얻어야 하는데 개인적으로 나는 이런 과정이 더 번거로웠다.

가장 쉽고 간단한 방법은 다음과 같다. 책이 가장 많이 있는 곳, 서점으로 바로 뛰어가자. 도서관도 좋지만 최근 출간된 책이 한눈에 보이고 최신 경향도 익힐 수 있는 서점이 더 좋다. 나의 첫 번째 원고는 여행 에세이였다. 그러면 여행 에세이로 분류된 책에서 출판사 정보를 얻어야 한다. 여행 에세이 원고를 경제경영서만 내는 출판사에 투고하면 안 된다는 말이다. 최소한 어떤 종류의 책을 출간하는지는 알고 투고를 해야 한다. 여행 에세이 서가에서 책들을 쭉 펼쳐 보며, 출판사 메일 주소를 스마트폰 카메라로 찍는다. 다이어리에 손으로 직접 적는 방법도 있지만 일단 사진으로 남겨 두었다가 집에 와서 파일로 정리하는 것이 더 수월하다. 나는 괜스레 서점 직원의 눈치가 보여 최대한 요란스럽지 않게 사진을 찍었다.

출판사 메일 주소는 몇 개나 모아야 할까? 이 질문은 '나는 몇

이제 이메일 주소를 모아 볼까?

50번째 찍는 중. 내일 또 와야지!

군데 출판사에 투고를 할 것인가'와 같은 맥락이다. 나의 목표는 우선 200개였다. 책 출간을 알아볼 때 누군가 200개가 넘는 출판사에 투고를 했는데도 계약이 이루어지지 않았다는 글을 보았다. 그때부터 내 머릿속에는 나도 최소 200개 출판사에 투고를 해야겠다는 생각이 자리를 잡았다. 200개로 끝이 아니라, 일단 시작은 200개부터라는 생각이었다. 우리나라에 출판사는 충분히 많으니 투고할 곳이 모자랄 걱정은 하지 않아도 된다. '포기하지 않으면 뭐라도 되겠지'라는 심정으로.

출판사 메일 주소는 엑셀 파일로 정리하자

몇 번의 서점 방문과 인터넷 검색을 통해 메일 주소 200개를 모았다.

원고 투고를 하면서 예비 작가는 다양한 실수를 범하게 된다.

원고를 이미 보낸 출판사에 또 투고하기

출판사 이름 틀리기

이 두 가지가 대표적인 실수다. 나는 이런 실수를 줄이기 위해서 출판사 메일 주소를 엑셀 파일로 정리했다. 다시 보내는 실수를 범하지 않고자 원고를 투고한 출판사는 블록 처리를 해 두었다.

1. 출판사 이름

2. 메일 주소

3. 대표 서적

4. 보낸 날짜

5. 회신 날짜

6. 답변 내용

서점에서 찍어 온 메일 주소를 엑셀 파일에 옮겨 적었다. 메일 주소 200개를 알아내는 것도, 그걸 일일이 엑셀 파일에 정리하는 것도 결코 쉬운 일이 아니었다. 혹시 알파벳 하나라도 틀릴까 싶어 눈에 힘을 바짝 주고, 몇 번을 읽고 또 읽었다. 대형 출판사 같은 경우에는 자기계발서, 인문서, 실용서 등 분야에 따라 원고 투고 메일 주소가 다르기도 하다. 혹은 메일이 아니라 홈페이지를 통해서만 원고를 받는 곳도 있다. 어떤 출판사는 여러 개의 임프린트를 운영하기도 한다. 동일한 출판사인데 다른 이름을 사용하는 경우 말이다. 에세이 서적은 a라는 출판사 이름으로 출간하지만 자기계발 서적은 b라는 출판사 이름으로 내는 식이다. 이렇게 세세하게 신경 써야 할 부분이 꽤 많다. 모두 꼼꼼하게 확인하길 바란다.

대표 서적을 정리해 놓은 이유는 투고 메일을 보낼 때 활용하기 위해서다. 여기에서 출간한 《OOOO》라는 책을 읽었고, 이 출판사만의 어떤 특성이 좋아서 메일을 보내게 되었는지 기술한다

출판사 메일 목록

NO	출판사 이름	메일 주소	대표 서적	보낸 날짜	회신 날짜	답변 내용
1						
2						
3						
4						
5						
⋮						

면, 무작정 투고한 것이 아니라 정말 그 출판사에 대해 알아보고 투고했다는 느낌을 줄 수 있다. 이렇게 조사를 했다면 실제로 알아본 게 맞다. 제가 《OOOO》라는 책을 읽었는데 그 책의 표지 디자인이 너무 예뻤다고, 혹은 무슨 내용이 감명 깊었다고 짧은 의견을 남겨도 좋다. 또한 원고 투고 후에 출판사로부터 전화가 왔을 때 어떤 책을 낸 곳인지 빠르게 알 수 있고, 대표 혹은 편집장과 대화를 자연스럽게 이어 갈 수도 있다.

투고를 한 날짜를 기재하고, 답장이 오면 그 날짜를 쓰고, 답변 내용을 기록하자. 200개나 되는 출판사니 이렇게 체계적으로 정리를 하지 않으면 헷갈리거나 실수하기 쉽다.

내 책의 출간 방식은 내가 정한다

내가 원하는 출간 방식을 정한다

출간 방식이 다양하다는 생각은 해 본 적이 없었다. 작가라면 당연히 출판사로부터 인세를 받는다고만 여겼다. 독자의 입장으로만 책을 봤을 때는 전혀 알지 못했던 세계다. 출간 방식이 이렇게 다양하다니. 책을 내기로 결심하고 출간이 어떻게 이루어지는지 공부하고 나니 내가 알고 있는 건 여러 출간 방식 중 하나인 '기획 출판' 방식이었다.

투고를 하다 보면 출판사로부터 다양한 형태의 답변을 받게 된다. '반기획 출판'을 권유하는 곳도 있고, 때로는 '자비 출판'을 추천하는 곳도 있다. 최종적으로 출간계약서에 도장을 찍기 전에 출판사와 저자는 원고를 어떻게 책으로 만들면 좋을지 서로 의견을 조율하는 과정을 거친다. 그렇기 때문에 투고를 하기 전에 자신의 출간 방식을 명확하게 정하는 것이 좋다. 그래야 출판사와 이야기하는 과정에서 혼란을 겪지 않는다.

출간 방식은 크게 네 가지로 나눠 볼 수 있다.

1. 기획 출판
2. 반기획 출판
3. 자비 출판
4. 독립 출판

첫 번째 '기획 출판'에서는 작가가 출판사와 정식으로 계약을 맺고 일정 비율의 인세를 받는다. 책을 출간하는 데 들어가는 모든 비용을 출판사에서 부담하고 저자는 원고를 책임지는 형태다. 작가 입장에서 보면 자비를 하나도 들이지 않고 내 책을 출간하는 유일한 방식이라 할 수 있다. 오히려 계약을 하면 내 계좌로 계약금이 입금되기도 하는데(계약금이 없는 경우도 있다), 그러면 인세를 앞당겨 받는 것임에도 기분이 좋지 않을 수 없다.

계약금이 들어오는 날은 가족들과 함께 치킨을 먹는 날이다. 기획 출판의 단점으로는 인세가 얼마 되지 않아 책이 팔리는 부수에 비해 저자에게 떨어지는 수익이 적다는 점을 들 수 있다. 보통 저자들이 받는 인세는 7퍼센트에서 10퍼센트 내외다. 그러니까 15,000원이 정가인 책이 한 권 팔릴 경우 저자에게 떨어지는 인세는 1,050~1,500원 정도다.

두 번째 '반기획 출판'은 기획 출판과 자비 출판의 딱 중간 형태라 할 수 있다. 말 그대로 출판사와 작가가 출판 비용을 반반 부담하는 방식이다. 완벽하게 반이 아닐지라도 책을 쓴 사람이 어느 정도 비용을 지불하면 반기획 출판이라고 본다. 일반적으로 저자가 책 제작비를 내고, 나머지 마케팅, 유통 등에 필요한 비용은 출판사가 책임진다. 출판사 입장에서 출판 비용을 모두 다 떠안기 어려우면 반기획 출판을 제안하는 경우가 많다. 이를 결정할 때 저자 인지도가 중요한 요소가 된다. 초판 판매량은 저자 파워로 좌지우지되기 쉬운데 이에 대한 확신이 없으면 반기획 출판을 제의하는 것이다. 출판 비용을 부담하지 않더라도 초판 중에 몇백 부 정도를 작가가 구입하는 조건으로 계약서를 작성하는 경우도 있다. 그래야 초판을 소화할 수 있다고 보는 게 출판사의 입장이다.

첫 책의 원고를 투고하고 며칠이 흐른 후 출판사 편집장으로부터 전화를 받았다. 전화로 자기네 출판사가 무슨 책을 냈고 어떠한 역량이 있는지, 내 원고를 출간하면 홍보를 어떻게 도와줄지 꽤 자세히 늘어놓았다. 이야기 끝에 본론이 나왔는데, 그래서 책이 출간되면 내가 200권을 살 의향이 있느냐는 것이다. 책을 200권 산다는 조건을 받아들이면 계약을 진행하겠다는 뜻이다.

200권×(15,000원×70퍼센트)=2,100,000원

보통 저자는 출판사에 책 정가의 70퍼센트를 지불하고 책을 구매하기 때문에 내 책값이 15,000원이라면 210만 원 정도가 필요했다. 아주 큰 금액은 아니지만 사실상 내가 책 출간에 드는 경비의 일부를 부담하게 되는 것이다. 사실 이 제안을 한 출판사는 우리나라 출판업계에서 꽤 유명하고 탄탄한 출판사였다. 어느 정도 돈을 부담해야 하지만 그래도 작은 출판사보다 큰 출판사에서 책을 내는 것이 더 중요하다 판단되면 크게 나쁜 조건은 아니었다. 하지만 내가 정한 출간 방식은 내 돈은 100원도 내지 않는 것이었다. 영국살이를 끝내고 막 귀국했을 때라 여웃돈이 없기도 했다.

세 번째 '자비 출판'은 기획 출판과는 다르게 출간에 들어가는 모든 비용을 작가가 부담하는 것이 특징이다. 출판 비용을 작가에게 받고 나머지 출간 과정은 출판사가 책임지는 형태다. 자비 출판의 장점은 작가가 지향하는 방향과 콘셉트를 확고하게 지킬

수 있다는 것이다. 아무래도 기획 출판을 하다 보면 출판사의 의견을 많이 반영하게 되기 때문에 공들여 써 놓은 초고를 반 이상 날리는 경우가 생기기도 한다. 자비 출판은 기획 출판보다 훨씬 더 많은 인세를 저자에게 준다. 기획 출판은 인세가 7퍼센트에서 10퍼센트라면 자비 출판은 최대 50퍼센트까지 받을 수 있다. 콘셉트가 뚜렷하고 잘 팔릴 책이라는 확신이 들면 자비 출판을 하는 편이 저자에게 유리할 수 있다. 자금적인 여유가 있고, 오직 자신의 색깔대로 책을 내고 싶다면 자비 출판을 고려해 보는 것도 방법이다.

네 번째 '독립 출판'은 저자가 직접 출판사가 되어 출간의 전 과정을 진행한다. 예를 들면 편집, 디자인, 인쇄, 유통, 마케팅 등 등을 전부 책임지는 것이다. 물론 일일이 직접 하기보다는 외주를 쓰겠지만 외주 업체를 선정하는 것도 작가의 몫이다. 과정 자체가 쉽지 않아도 그만큼 직접 부딪히며 출판을 배울 수 있다. 인세 계약을 하는 것이 아니므로 순수익을 몽땅 가져가는 형태다. 독립 출판의 단점으로는 대형 서점에 책을 입고시키기 어렵다는 점을 들 수 있다. 하지만 요즘에는 독립 출판으로 먼저 책을 낸 후 나중에 다른 출판사와 계약을 맺어 베스트셀러가 되는 경우도 종종 있다.

잘 쓴 글은 어디서나 빛이 나는 법이다. 네 가지 출간 방식 중 나는 어떤 방식을 택할지 정하고 중심을 지키자. 목표를 설정하고 그 목표를 향해 간다면 조금 더딜지라도 결국에는 목표에 도달하리라고 믿는다.

나의 목표는 무조건 기획 출판이다.

6

샘 플 원 고 를 만 들 어 보 자

샘플 원고를 뽑아 볼까?

샘플 원고는 초고에서 책의 주제가 잘 드러나고 가장 잘 썼다 자신할 수 있는 꼭지들을 뽑아서 엮으면 된다.

첫 번째 책 《우리는 영국에서 일 년 동안 살기로 했다》는 다섯 개의 챕터로 구분되어 있었기 때문에 챕터 당 한 꼭지씩 선택했다. 챕터의 내용을 가장 잘 보여 주는 꼭지로 샘플 원고를 묶었다. 여행 에세이라는 특성상 간간이 사진이 들어가는데 샘플 원고에도 한글 파일 순서에 맞게 사진을 첨부했다. 가능하면 이렇게 제본되었으면 좋겠다 싶은 형태로 구성했다.

두 번째 책 《감각통합놀이》는 실용서(자녀육아서)였는데, 이 책의 샘플 원고를 만들 때도 마찬가지였다. 나를 포함해 공동 저자들이 원하는 형식대로 원고를 구성하고, 그 안에 내용과 사진을 이어 붙였다. 샘플 원고는 그 파일을 열어 보는 편집자의 눈에 띄게 하는 것이 중요하다. 누가 봐도 깔끔하고, 내 글의 주제가 잘 전달되게 만들어야 한다.

샘플 원고가 정리된 후에는 출간기획서를 다시 다듬었다. 초고가 완성된 후 출간기획서를 다시 읽어 보면 고치고 싶은 부분이 생기기 마련이다. 초고를 써 나가는 과정에서 나의 글에 확신이 생겼으리라 믿고 출간기획서를 다시 보기 좋게 수정하자.

투고 메일을 받는 편집자의 입장에서 생각해 보자. 메일을 열어 본 편집자는 제일 먼저 메일 내용을 훑고, 그다음 출간기획서를 살펴보고, 마지막으로 샘플 원고를 읽는다. 메일 제목과 내용에서 편집자의 마음을 사로잡지 못한다면 샘플 원고는 그대로 휴지통으로 직행하기 쉽다.

출판사 메일 주소가 적힌 엑셀 파일을 열고, 원고 투고를 시작해 보자. 막상 투고를 하려고 인터넷 창을 열면 막막해진다. 그래서 메일 제목은 뭐라고 하지? 본문에는 무슨 말을 적어야 하지? 하나부터 열까지 산 넘어 산이다. 아무런 가이드도 없는 책 출간의 길. 이런 세세한 내용은 아무리 인터넷 검색을 해 봐도 뾰족한 답을 찾을 수가 없다. 어쩔 수 없다. 혼자 돌다리를 두드리며 건너가 보는 수밖에.

나는 메일 제목에 이렇게 적었다. 물론 이것이 모범 답안은 아니다.

○○○ 출판사에 원고를 투고합니다.

꼭 이 출판사에서 책을 내고 싶다는 마음을 담아 제목에 출판사 이름을 넣었다.

메일 내용은 이런 식이었다.

안녕하세요. 석경아입니다.

○○○ 출판사에서 작가가 되기 위해 원고를 투고합니다.

저는 두 어린아이와 함께 영국에서 1년 살기를 했던 경험을 토대로 글을 썼습니다. 경제적으로 여유롭지 않고 지극히 평범한 30대 중반의 부부가 안전지대를 버리고 어떻게 유학을 결심하게 되었는지를 담았습니다.

청년의 나이를 지나 바쁘게 생활하는 30~40대 부부들이 이 책을 읽고 가슴속에 품었던 꿈들을 펼치길 바라는 마음으로 원고를 투고합니다.

출간기획서와 샘플 원고를 함께 보내 드립니다.
부디 시간 내어 읽어 주시고, 답변 주시기를 바랍니다.

감사합니다. 좋은 하루 되세요.
석경아 000-0000-0000

마치 이 출판사에만 투고를 하는 듯 보이지만 사실 내가 보낸
메일을 읽는 편집자들도 다 알 것이다. 출판사 한 곳에만 투고를
하지 않았다는 것을. 그럼에도 단체 메일보다는 출판사 이름이
적힌 개별 메일에서 예비 작가의 작은 성의를 느낀다. 편집자의
마음을 움직이자.

세상 미련한 원고 투고

2019년 12월 30일, 나는 한 해가 가기 전에 원고를 홀홀 털어 버리고 싶었다. 몇 달째 초고를 붙잡고 있노라니 머리가 빙글빙글 도는 느낌이었다. 분량은 어느 정도 채웠는데 아무리 고치고 또 고쳐도 마음에 들지 않았다. 이러다 과연 초고를 완성할 수 있을지 걱정이 앞섰다. 책 쓰기를 올해의 목표로 삼고 베스트셀러 작가가 되겠다고 100일을 혼자 외롭고 묵묵히 밤낮으로 초고를 써 왔는데 해를 넘겨 버리면 문득 나의 꿈이 허공으로 날아가 버릴 것만 같았다. 12월 30일 새벽 무작정 원고 투고를 시작했다.

그래, 바로 지금이야. 수정은 그만하고 이제 투고를 해 보자.

아이들이 잠든 고요한 새벽, 그날 계획에 없던 원고 투고를 참 무식하게 시작했다. 하루 100개씩 이틀 동안 총 200개 출판사에 메일을 발송했다. 그렇게 나는 2019년이 끝나기 전에 초고를 완성하고, 원고 투고까지 마쳤다. 투고를 끝내고 나니 올해 할 일을 다 해냈다는 생각에 뿌듯함이 몰려왔다.

왜 당신은 그렇게 많은 출판사에 동시다발적으로 메일을 보냈냐고 물어보면 적어도 200개 출판사에 투고하기로 결심했기 때문이라고 답할 것이다. 결코 200개가 많다고 보지 않았다. 나에게 200은 최소한의 숫자였다. 200개 출판사에 원고를 보내도 내 책을 내 준다는 곳이 단 한 군데도 없을 수 있다고 생각했다. 책을 써 본 적도 없고, 내세울 만한 사회적 지위도 없고, 그렇다고 SNS 인플루언서도 아닌 평범한 사람의 원고를 출판사에서 선택하기란 쉬운 일이 아니잖은가. 그렇기에 일단 200개 출판사에 연락해 보고, 그래도 출판사와 연이 닿지 않으면 계속해서 다른 출판사에 투고를 이어 갈 생각이었다.

출판사 메일 주소가 담긴 엑셀 파일 창을 열어 놓고, 메일 내용이 적힌 한글 파일 창도 띄워 놓았다. 눈과 손가락이 바쁠 시간이다. 일단 엑셀 파일에 있는 출판사 메일 주소를 복사한 뒤 받는 사람 주소를 쓰는 창에 붙여 넣었다. 제목에는 실수하지 않고, 출판사 이름을 적고 그다음 한글 파일에 있는 메일 내용을 복사해서 가져온 후에 출판사 이름을 바꿨다. 엑셀 파일에 그 출판사가 낸 책 가운데 기억에 남는 책이 적혀 있으면 그 내용을 추가했다. 출판사 메일 주소를 긁어서 붙이고, 메일 내용을 긁어서 붙이고, 파일들을 첨부하기. 이 작업을 200번 했다. 어렵지 않다. 눈과 손가락이 아플 뿐.

'컴맹'인 나는 이 작업을 무식하게 200번 반복했는데, 얼마 전 아는 작가가 똑똑하게 투고하는 법을 알려 주었다. '다시 보내기'를 클릭한 후, 출판사 메일 주소와 이름만 바꿔서 발송 버튼을 누르면 끝이란다. 이렇게 간단한 것을. 역시 무식하면 손발이 고생이다.

그렇게 200개 출판사에 원고 투고를 끝냈다.

드디어 200개 출판사에 원고 투고 끝.

이제 나도 똑똑하게 투고하자

무엇이든지 첫 번째 경험은 소중하다. 다듬어지지 않은 길처럼 울퉁불퉁하지만 그 길을 건너 본 경험을 통해 그다음부터는 조금 수월하게 접근할 수 있기 때문이다. 그렇기에 모든 일에 실패는 없다. 지나고 보니 막무가내였던 나의 첫 번째 원고 투고도 얼마나 귀한 경험이었는가.

처음 책을 내려고 준비할 때는 주변에 작가가 단 한 명도 없었지만 첫 책이 나온 뒤에는 신기하게도 손만 뻗으면 닿을 만한 거리에 작가들이 있었다. 작가들은 모이면 으레 자신의 첫 책을 어떻게 출간했는지 이야기를 풀어놓는다. 남자들이 모이면 군대 이야기, 여자들이 모이면 출산 이야기를 하는 것과 같은 원리랄까. 투고를 하고 출간 계약을 했을 당시의 경험을 자연스럽게 나누는데, 그때마다 나는 조금은 민망한 듯 말을 꺼낸다.

"전 200개 출판사에 투고를 했어요."

듣는 사람들도 눈을 동그랗게 뜨고 다시 묻는다.

"동시예요?"

"네……."

멋쩍지만 이미 지나가 버린, 돌이킬 수 없는 일이다. 첫 번째 경험이 있었기에 두 번째 원고를 투고할 때는 조금 전략적으로 접근하고 싶었다. 그런데 200개 출판사에 동시에 투고를 하면 어떤 일이 일어날까?

일단 답장이 우두두두 메일함으로 쏟아진다. 긍정적인 답변만을 말하는 것이 아니다. 내 원고를 반려한다는 출판사도 있고, 2~3주 기다려 달라는 출판사도 있다. 문제는 내가 동시에 메일을 보냈다고 해서 그 많은 출판사가 한날한시에 답장을 주지 않는다는 사실이다. 어떤 출판사는 곧바로 미팅을 요청하기도 하고, 어떤 출판사는 검토하는 데 2~3주 이상 시간이 걸린다고 양해를 구하기도 한다.

그래서 다음과 같이 난감한 상황이 발생한다.

나는 a 출판사가 제일 좋다. 하지만 원고를 검토하는 데 3주 정도 걸린다는 답장을 받았다.

b 출판사에서 나의 원고가 좋다고 곧바로 한번 만나 볼 수 있겠냐고 묻

는다.

b 출판사와 미팅을 한 뒤 출간 계약을 할지 말지 정해야 하는데, 혹시 a 출판사에서 한 달 뒤 계약을 하고 싶다고 연락이 오면 어쩌지? b 출판사의 미팅을 거절했는데, a 출판사에서 내 원고를 반려하면 어쩌지? 이런 고민이 시작된다. 200개 출판사에 동시에 투고를 하면 200가지 이상의 변수가 생길 수 있다.

이런 상황을 줄이기 위해 두 번째 원고를 투고할 때는 나만의 전략을 짰다.

두 번째 책은 첫 번째 책과 달리 자녀육아서(실용서)였기 때문에 출판사 정보를 다시 모아야 했다. 먼저 온라인 서점에서 자녀육아 분야 베스트셀러를 100위까지 훑으며 출판사 이름을 적었고, 오프라인 서점에 가서 열심히 그 출판사들의 메일 주소를 수집했다. 약 100개 출판사의 메일 주소를 모은 후, 다시 30개씩 묶어서 정리했다. 1순위, 2순위, 3순위 이런 식으로 말이다.

무작정 원고를 투고하는 것이 아니라 시차를 두고, 책을 가장 내고 싶은 1순위 그룹에 먼저 투고를 하기로 했다. 1순위 그룹에서 긍정적인 답변이 오지 않는다면 2순위 그룹에 다시 투고를 하고, 또 연락이 없다면 3순위 그룹에 순차적으로 투고를 할 계획이었다. 이 방법이 시간은 오래 걸릴지 몰라도 난감한 상황을 피하고, 원하는 출판사와 계약할 수 있는 확률을 높여 줄 것

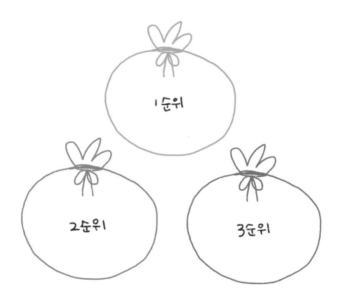

1순위

2순위

3순위

내 기준에 맞게 출판사를 나눠 보자.

이라 생각했다.

　1순위 약 30개 출판사에 원고를 보낸 후, 이튿날 아침부터 출판사의 러브콜을 받을 수 있었다. 다행히 2순위 그룹까지 넘어가지 않고, 1순위 출판사들과 여러 번 미팅을 한 끝에 출간 계약을 맺었다. 시간이 많이 드는 것처럼 보이지만 1순위 출판사와 계약이 성사된다면 시간을 절약할 수 있는 방법이다. 200개 출판사에 투고를 하지 않고도 내가 원하는 출판사와 계약을 성사했으니 꽤나 만족스럽고 전략적인 방법이었다고 자부한다. 출판사도 작가를 매의 눈으로 고르겠지만 작가도 출판사를 고를 권리가 있다.

3부

험난하고 험난한 퇴고의 길

1

내가 작가님이라니

2019년 마지막 이틀 동안 투고 메일을 보내고, 나는 틈나는 대로 메일함을 열어 보았다. 통상적으로 2~3주 후에 답변이 온다고 들었지만 자꾸만 메일함을 들락거리게 되는 건 어쩔 수 없었다. 그리고 생각보다 출판사로부터 빠르게 회신이 왔다.

원고 투고를 하고 난 다음 날 오전, 모르는 번호로 전화 한 통이 걸려 왔다.

"안녕하세요. 석경아 작가님이죠?"

작가? 내가 작가라고? 난생처음 들어 보는 작가라는 호칭에 어색하기도, 두근두근 설레기도 했다. 원고 투고를 했으니…… 음, 내가 작가인 거지, 그렇지. 마음을 가다듬고 최대한 차분하게 전화를 받았다. 투고를 하자마자 이렇게 빨리 출판사로부터 전화가 올 거라고 생각하지 못했기에 당황했지만 이건 좋은 징조임이 분명했다.

응?

모르는 전화번호

여보세요?
석경아 작가님이쬬?

작가님?
내가 작가라고?

원고 투고 후 처음 받는 출판사 전화였다. 책 쓰기를 결심하면 처음하는 경험이 많다. 모든 일이 산 넘어 산이고, 매번 선택의 기로에 서게 되지만 다행히 나는 이 모든 과정이 꽤 재미있게 다가왔다.

수화기 너머로 출판사 편집장이 말했다. 내 책의 주제가 재미있단다. 출간을 하고 싶다며 한 가지 조건을 제시했다. 초판이 나오면 일부를 사 줄 수 있겠냐고. 내가 원하던 기획 출판이 아니라 반기획 출판이었던 것이다. 일단 설명을 충분히 듣고, 조금 더 생각해 보겠노라고 답하고, 전화를 끊었다.

원고를 투고하고 바로 다음 날 아침 출판사의 연락을 받은 것은 좋았지만 나의 목표는 온전히 기획 출판이었다. 또한 아직 투고한 지 만 하루도 지나지 않았으니 앞으로 어떤 출판사와 인연이 닿을지 모를 일이었다. 200군데나 지원을 했으니 어디서 러브콜이 올지 조금 더 기다리기로 했다.

그래도 출판사로부터 난생처음 작가님이라는 호칭으로 불려서인지 오랫동안 홀로 글을 쓰며 보내야 했던 외로운 시간을 보상받는 기분이었다. '음, 그래도 내 글이 나쁘지 않다는 신호겠지'라고 내심 기뻐하며 앞으로 오게 될 답변을 기다렸다.

2.

출판사의　답변　유형
여덟　가지

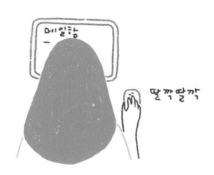

답장은 언제 오려나?

띵동!

원고 투고를 한 뒤, 출판사로부터 메일, 전화, 문자, 카카오톡 등 다양한 방법으로 답변이 오기 시작했다. 모두 똑같은 출간기획서와 샘플 원고를 첨부했는데, 출판사마다 각기 다른 반응을 보였다. 출판사의 답변 유형을 여덟 가지로 정리해 보면 다음과 같다.

1. 발송 실패 또는 답변 없음
2. 출간 거절
3. 검토 중
4. 전체 원고 요청
5. 자비 출판 권유
6. 반기획 출판 권유
7. 출판사의 미팅 제안
8. 일방적인 출간계약서 발송

메일 발송이 실패한 경우는 그사이 출판사가 없어졌거나 메일 주소가 틀려서 그렇다. 이런 경우는 인터넷 검색을 통해서 출판사의 정보를 확인한 뒤 다시 정확한 메일 주소로 투고를 하는 것을 추천한다. 이렇다 저렇다 답변이 아예 없는 경우도 물론 있지만 생각보다 출판계는 친절했다. 거절의 답변도 참 따스하게 보내 준다.

안녕하세요. ○○○ 출판사입니다.

먼저 저희 출판사에 출간 제의를 해 주신 데 감사드립니다.

보내 주신 원고는 열심히 검토해 보았습니다.

저희 출판사의 일정이나 출간 방향에 맞는지 상의한 결과, 선생님의 옥고를 출간하는 일은 역부족이라는 결론을 내리게 되었습니다.

긍정적인 답을 드리지 못해 죄송합니다. 저희 출판사에 관심을 가져 주셔서 다시 한번 감사드립니다. 앞으로도 많은 사랑 부탁드립니다.

○○○ 드림

거절 메일은 대부분 "저희 출판사와 방향이 달라서 아쉽지만 출간을 진행하지 못할 것 같습니다"라는 문장으로 시작된다. 그 내용마저 '출판계스러운' 정중한 표현이라 차갑게만 느껴지진 않았다. 원고 투고 후 가장 많이 받는 메일은 거절 의사를 밝히는 내용이거나 "검토 중입니다. 2~3주 후에 연락드리겠습니다"라는 답변일 것이다. 출판사로부터 답장이 와 있어 두근거리는 마음으로 클릭하면 대부분은 둘 중 하나다.

석경아 작가님, 안녕하세요. ○○ 출판사입니다.

저희 출판사에 관심을 갖고 원고를 보내 주셔서 반갑고 감사드립니다.

편집부에서 검토 후 2~3주 내로 결과를 메일로 회신해 드리겠습니다. 감사합니다.

대체로 출판사 규모가 큰 경우 검토 기간이 오래 걸리는 편이었다. 자주 있는 일은 아니지만 가끔은 전체 원고를 요청하기도 한다.

안녕하세요. 보내 주신 기획안 잘 받았습니다.

샘플 원고가 짧아서 이것만 가지고 원고를 판단하기 어려운데 전체 원고를 보내 주실 수 있을까요? 저희 출판사와 계약을 진행하지 않을 시 원고는 즉시 삭제되며, 복사 등이 걱정된다면 보안 PDF로 주셔도 괜찮습니다.

전체 원고를 받으면 좀 더 자세히 검토한 후 답변드리도록 하겠습니다. 감사합니다.

이렇게 전체 원고를 요청하는 경우에는 분량을 다 채워 놓은 초고가 참 믿음직스럽다. 초고를 완성하지 않고 원고 투고를 했다면 이렇게 전체 원고를 요청하는 출판사와는 인연이 닿기 힘들 것이다. 그다음 자주 받는 답변은 자비 출판 혹은 반기획 출판을 권유하는 내용이다.

안녕하세요. ○○○입니다.
저희 출판사에 관심을 가지고 공들여 쓰신 소중한 원고를 투고해 주셔서 감사합니다.

아쉽게도 현재 일정이 가득 차 더 이상 기획 출판은 진행이 힘든 상황입니다. 기획 출판이 여의치 않으신 저자 분께서는 자비 출판이나 반기획 출판 형태로 출간이 가능하오니 검토를 부탁드립니다.

원고 투고를 진행해 보니 의외로 반기획 출판을 권하는 출판사가 꽤 많았다. 저자가 인지도가 없는 평범한 일반인일 경우 출판사에서도 판매 리스크를 줄이고 싶을 것이다. 반기획 출판의 경우도 획일적인 방식만 있는 게 아니라 출판사마다 다를 수 있으니 출간 조건이 나와 잘 맞는지 따져본 뒤 결정하는 것이 현명하다.
다음은 원고 투고를 한 저자 입장에서 가장 원하는 답변일 것이다. 미팅 일정을 잡자는 내용이다.

안녕하세요, ○○○ 편집장입니다.
우선 귀한 원고를 보내 주셔서 감사합니다.

기획안과 샘플 원고만으로도 가능성이 있다고 판단됩니다. 혹시 시간이 되시면 저희 출판사에서 미팅을 할 수 있을까요? 직접 얼굴을 마주하면 좀 더 진전된 이야기를 나눌 수 있고 그렇지 않더라도 원고와 출판에 대한 정보를 드릴 수 있을 듯합니다.

그럼 답신을 기다리겠습니다.
감사합니다.

대부분 긍정적인 반응일 때는 메일로 답신이 오기도 하지만 전화로 연락이 오는 경우가 많다. 편집장 혹은 출판사 대표가 직접 전화를 하고, 미팅 날짜를 잡는다. 대형 출판사는 시스템의 특성상 원고 검토 기간이 길긴 하지만 대부분 편집장이 긍정적인 판단을 내리면 빠르게 연락을 취한다. 출판사 입장에서도 이 원고는 지금 빨리 연락하지 않으면 다른 출판사가 낚아채리라는 것을 직감적으로 알 것이다.

마지막은 예상치 못한 상황이었다. 출판사와 미팅도 하지 않고 메일로 바로 출간계약서를 발송하는 경우다.

안녕하세요.
관심을 가지고 투고해 주셔서 감사합니다. 저희 출판사는 귀하의 원고를 출간하는 걸 긍정적으로 생각합니다. 출간 방식으로는 종이책 출판과 전자책 출판이 있습니다. 원래 전자책 출간은 무료고 종이책 출간은 유료이나, 현재 종이책 출간도 무료로 하는 이벤트를 진행 중입니다. 전자책 출간, 종이책 출간 모두 가능합니다. 출간 후 10부를 저자님께 증정합니다.

갑자기 출간계약서를 보내 주면서 계약을 하자니 좋아해야 하는 건지 모르겠지만 얼굴도 보지 않은 채 무턱대고 도장을 찍자니 영 내키지 않았다.

나는 여덟 가지 유형의 답변을 모두 받았다. 나의 선택은 일단 출판사와 미팅을 잡는 것이었다. 저자로서 꼭 그렇게 하고 싶었다. 내 생에 처음 해 보는 이 신나는 일을 안 하고 넘어갈 이유가 어디 있겠는가.

3

난생처음 출판사 미팅

출판사는 대부분 수도권에 있는데, 원고 투고를 할 당시 나는 지방에 살고 있었다. 긍정적인 답변을 준 출판사 두 곳과 미팅을 하기로 약속을 잡았다. 하루 날 잡아 서울에 간 김에 오전, 오후로 시간을 나누어 두 출판사의 관계자들을 각각 만나기로 했다. 물론 다른 출판사와도 미팅을 한다는 내색은 전혀 하지 않았다. 굳이 그런 얘기까지 할 필요는 없으니 말이다.

　일찌감치 첫째는 어린이집에 보내고, 둘째는 친정 엄마에게 맡기고, 서울행 KTX에 몸을 실었다. 아이들 없이 홀로 홀가분하게 기차를 타 보는 게 얼마나 오랜만이었던가. 혼자만의 기차 여행도 그렇지만 오롯이 나와 관련된 일을 하러 간다는 사실이 더욱 마음을 설레게 했다. 엄마가 된 이후 '석경아'라는 이름으로 무언가 도전한 것은 처음이었다. 심지어 난생처음 출판사 미팅이라니 몸이 솜털처럼 가볍게 느껴졌다.

두근두근
드디어 출판사와의 첫 미팅

출판사 미팅에서는 대체 무얼 하는 걸까? 초보 작가인 나는 사실 미팅의 명확한 목적을 알지 못했다. 마치 회사 면접이라도 보러 가는 듯한 긴장감이 감돌았지만 그마저도 오랜만에 느껴 보는 감정이라 싫지 않았다. 서울역에서 내려 지하철을 갈아타고, 출판사 사무실로 향했다. 출판사 간판이 걸려 있는 문 앞에 서서 두근대는 가슴을 진정하고 노크를 했다. 똑똑똑.

"안녕하세요."

대표와 편집장이 반갑게 맞아 주며 명함을 내밀었다. 나에겐 아직 건네줄 명함이라는 게 없었다. 아주 큰 출판사는 아니었지만 대표와 편집장 외에 다른 직원이 있었고, 1년 동안 꽤 많은 책을 출간하는 탄탄한 출판사였다. 메일로만 답변을 주고받던 인상 좋은 편집장이 말했다.

"저희 딸이 작가님 딸 하은이와 나이가 같아요. 얼마 전 딸아이 친구네 가족과 식사할 기회가 있었는데 그때 외국살이에 대한 이야기를 하더라고요."

편집장은 '아이가 있는 가정에서는 한번쯤 외국에서 살아보고 싶은 로망이 있다는 것을 그 자리에서 알게 되었다'며 이 책이 독자의 폭이 넓지는 않지만 독자의 니즈가 분명한 책이 될 수 있을 거라는 긍정적인 의사를 표시했다. 다만 책에 사진, 정보, 에피소드를 좀 더 추가하면 좋을 것 같다고 상세한 피드백을 주었다. 결과적으로 샘플 원고를 한 번만 더 수정한 뒤 계약으로 넘

난생처음 하는 경험들, 모두 다 설렌다.

어가자는 의견이었다. 2주 뒤에 샘플 원고를 보강해서 보내기로 하고, 첫 번째 미팅이 끝났다. 시작 전부터 긴장한 것에 비해 특별한 실수 없이 끝나서 안도했다. 처음이라 그렇지 생각만큼 어려운 일은 아니었다.

나는 곧바로 두 번째 미팅 장소로 발길을 옮겼다. 이번 미팅은 지방에서 올라오는 나를 위한 배려로 서울역 근처 커피숍에서 이루어졌다. 두 번째 출판사는 1년에 책을 두 권 정도 출간하는 1인 출판사였다. 대표는 영국 이야기가 재미있다며 흔쾌히 출간을 제안했다. 시간을 갖고 천천히 책을 만들어 보자는 말도 덧붙였다. 대형 출판사처럼 동시에 여러 책을 만드는 것이 아니라 출간 일정에 따라 한 권씩 순서대로 만들기 때문에 온전히 내 책 한 권에 집중할 수 있다는 점을 1인 출판사의 강점으로 내세웠다. 이번 책의 주제뿐 아니라 평소에 생각해 왔던 다른 주제에 대해서도 자연스럽게 이야기를 나눴다. 책을 가지고 처음 만난 사람과 이토록 신나게 수다를 떨 수 있다니. 책을 토대로 나이, 성별을 불문하고 하나로 연결된 느낌이었다.

첫 번째 출판사는 한 해에 책을 여러 권 출간하는 탄탄한 곳이었고, 두 번째 출판사는 소규모 1인 출판사였다. 큰 출판사라고 해서 무조건 좋고, 작은 출판사라고 해서 무조건 나쁘지 않다고 한다. 나의 성향과 뜻이 맞는 출판사가 나에게 좋은 출판사라는 말이다.

출판사를 고를 때 가장 중요한 것 중의 하나는 함께 작업하는 편집자와의 합이다. 내 원고의 본래 목적을 잘 이해하고, 그것을 잘 살려 줄 편집자. 또한 일하는 방식이 서로 비슷하면 더 좋다. 그걸 미팅에서 간파할 수 있으면 된다. 이 어려운 걸 어떻게 하라는 건지 답답할 수 있지만 한 시간 정도 대화를 나눠 보면 서로의 합이 어떨지 직감적으로 알 수 있다.

책을 쓰면서 난생처음 하는 경험에서, 그리고 선택의 기로에서 많이 헤매고 또 헤맸다. 그렇게 두 곳의 출판사와 무사히 미팅을 마치고 집으로 돌아왔다.

4

현명하게　출판사를
선택하는　법

대체 어떤 출판사와 계약을 해야 할까?

규모가 큰 출판사?

인세를 많이 주는 출판사?

매대에 책을 깔아 주는 출판사?

출판사에 원고 투고를 한 뒤 한 곳이 아니라 여러 곳에서 러브콜을 받는다면 예비 작가는 행복한 고민에 빠지게 된다.

대체 어떤 출판사와 계약을 해야 할까?

- 규모가 큰 출판사?
- 인세를 많이 주는 출판사?
- 계약금을 통 크게 이체해 주는 출판사?
- 빠른 시일 내에 책이 나오는 출판사?
- 오프라인 서점 매대에 책을 깔아 주는 출판사?
- SNS로 책을 꾸준히 홍보해 주는 출판사?

단지 인세만이 아니라 출판사 각각의 장단점을 봐야 한다. 모든 조건을 충족시키는 출판사는 찾기 어렵다. 이미 유명 작가들이 포섭된 대형 출판사라면 상대적으로 인지도가 낮은 신인 작가의 책에 정성을 덜 쏟을 수도 있다. 동시에 여러 권을 진행하는 대형 출판사는 소위 잘 팔릴 것 같은 책에 집중하기 마련이다. 초보 작가의 책이 메인으로 꼽히는 경우는 현실적으로 드물다. 반면 소형 출판사는 한 권을 출간한 후 다음 책 작업에 들어가므로 오롯이 내 책에 집중할 가능성이 크다. 출판사마다 장단점을 따져 보고 내가 중요하게 생각하는 것과 가장 잘 맞는 출판사를 찾아야 한다.

출판사 미팅 후 가장 중요하게 생각한 것은 편집자와의 합이었다. 결국 저자와 직접적으로 소통하는 사람은 출판사 대표가 아니라 편집자다. 편집자가 내 책에 얼마나 정성을 쏟아 붓느냐에 따라 책의 품질이 달라진다. 일하는 방식에 있어서 나와 합이 잘 맞는 편집자를 만나는 것도 복이다. 편집자도 사람인데 자신과 잘 맞는 사람의 책에 더 애정을 갖지 않겠는가.

실제로 두 번째 책을 집필할 때는 편집자와 밤낮을 가리지 않고 카카오톡 메시지를 주고받았다. 내가 본격적으로 글을 쓰는 시간은 아이들이 모두 잠든 늦은 밤이었는데, 마침 편집자도 주로 그 시간에 일을 해서 서로 연락을 취하는 것이 자연스러웠다. 편집 과정 동안 전화통화도 수시로 하다 보니 짧게 용건만 말하고 끊는 것이 아쉬워 마치 지인과 통화하듯 사적인 이야기를 실컷 나눈 후에야 전화를 끊는 일도 많았다.

회사에서도 함께 일하는 동료와 마음이 잘 통하면 일이 더 즐거운 것처럼 편집자와 합이 잘 맞아야 책을 쓰는 과정이 힘들게 느껴지지 않는다. 출간 계약을 하는 동시에 편집자와 나는 한 배를 타는 것이다. 그렇기 때문에 출판사 미팅을 통해 편집자와의 합이 잘 맞는지 꼭 확인해 보길 권한다.

그다음 살펴야 할 부분은 내 책을 얼마나 열심히 홍보해 줄 것이냐다. 요즘에 책은 저자가 파는 것이라는 말이 있을 정도로 저자 파워가 중요하지만 저자 입장에서는 출판사가 내 책에 얼마만큼 애정을 갖고 홍보를 해 주느냐도 중요하다. 출판사 SNS를 방문해 다른 책들은 어떻게 마케팅을 하고 있는지도 둘러 보자. 1인 출판사도 다양한 방식으로 지속적인 마케팅을 한다. 1년에 출간되는 책의 권수가 많지 않기 때문에 나오는 책마다 모두 애정을 갖고 꾸준히 홍보하는 것이다. 미팅을 할 때 출판사에 내 책의 홍보 방안을 구체적으로 묻고, 특별한 항목이 있다면 계약서에 기재하는 것도 좋은 방법이다.

사실 대부분의 사람들은 출판사를 고를 때 인세가 가장 중요하다고 생각할지 모른다. 초보 작가가 받는 인세는 보통 7퍼센트에서 10퍼센트 정도다. 인세가 10퍼센트고 책값이 15,000원이라면 책 한 권이 팔릴 때 저자에게 들어오는 인세는 1,500원이다. 책이 1,000권 팔려야 150만 원을 받는다. 그러니 인세만 받고 살아가는 작가들은 얼마나 대단한 것인가. 책을 쓰기 전에는 베스트셀러 작가는 인세만 받고도 풍족한 삶을 누릴 수 있다고 생각했다. 그건 나의 오산이었다.

나의 경우, 두 번째 미팅을 한 출판사가 첫 번째 출판사보다 더 높은 인세를 제시했다. 숫자만 봤을 때는 고민할 필요 없이 두 번째 출판사와 계약을 해야 하는 것이 맞다. 하지만 나는 돈을 벌기 위해 책을 쓰는 것은 아니었다. 그저 나의 경험을 글로 기록하고 싶었고, 나의 글이 누군가에게는 작은 도움이 되길 바랐을 뿐이다. 어쩌면 인세가 나의 생활에 큰 도움이 되지 못하리라는 것을 이미 알고 있었을지도 모른다.

　나로서는 인세가 몇 프로인지는 중요치 않았다. 정석대로 출
간 과정을 밟고 싶다는 마음에 조금 더 안정적이고 탄탄한 출판
사를 골랐다. 책 쓰기가 처음인 나에게는 조금 더 체계적인 조언
을 해 줄 곳이 필요했다.

　그렇게 나는 마음속으로 첫 번째 출판사를 선택했다.

5

출간계약서에 도장 찍기 전

미팅을 마친 후, 함께 할 출판사를 정했다. 그다음 순서는 출판사에 내 마음을 알리는 일이다. 첫 번째 출판사에 함께 작업하자는 의견을 보내고, 두 번째 출판사에 다른 출판사와 계약을 하기로 했다는 사실을 알려야 했다. 사실 미팅을 하고, 출판사를 선택하고, 한 곳을 거절하는 이 과정이 쉽지만은 않았다. 단순하게 생각해 보면 출판사가 출간 거절 메일을 보내듯 저자인 나도 정중하게 거절 의사를 표하면 되는 것임에도 거절하기를 유난히 어려워하는 나는 마지막 순간까지 쉽게 손이 움직이지 않았다. 그렇다고 답변하는 것을 마냥 피할 수는 없어서 결정을 내린 다음에는 최대한 빨리 솔직하고 예의 바르게 다른 출판사와 계약을 하기로 했다는 문자를 전송했다. 다행히도 출판사 대표는 좋은 책이 나올 거라는 응원과 함께 다음에 다른 주제로 인연이 닿으면 좋겠다는 훈훈한 답장을 보내 주었다. 마음의 한 짐을 덜어 낼 수 있었다. 이제 샘플 원고를 수정해서 다시 첫 번째 출판사에 보낼 일이 남았다.

2주 동안 부지런히 샘플 원고와 차례를 다듬었다. 출판사에서 꼭지 뒤에 따라 붙는 영국살이에 대한 생활 팁이 더 많았으면 좋겠다고 조언해 주었다. 이 책을 읽는 독자들은 현실적이고 객관적인 정보를 필요로 할 거라는 추측에서다. 영국으로 유학을 가려고 준비 중인 사람의 입장에서 어떤 부분이 궁금할지 고민해 보았다. 차례를 펼치고 경험에서 우러난 실질적인 팁을 추가했다.

책의 콘텐츠는 저자의 머릿속에서 나오지만 이를 보기 좋게 가공하는 데는 출판사의 도움이 필요하다. 출판사는 수십 권의 출간 경험을 바탕으로 대중의 취향과 동향을 읽어내고 이를 편집에 반영한다. 그러니 출판사와 계약을 하고 난 다음, 원고를 수정해 가는 과정에서 편집자의 피드백을 두려워하지 말아야 한다. 나는 첫 책을 쓰고 있는 예비 작가고 편집자는 수십 권의 책을 만들어본 전문가다. 또 하나 분명한 건 편집자도 저자만큼이나 이 원고가 좋은 책이 되어 나오길 바란다는 점이다. 결코 저자를 괴롭히기 위해서 사사건건 꼬투리를 잡는 것이 아니다. 편집자가 세세한 피드백을 준다면 그것은 그만큼 내 책에 애착을 갖고 있는 것이니 감사하게 여기자. 그것이 책의 본질을 흔드는 것이 아니라면 편집자의 말에 귀 기울이는 것이 현명한 자세다.

수정된 샘플 원고를 보내자 곧바로 계약을 하자는 답신이 왔다. 미팅 때 서로 얼굴을 보았고, 거리도 꽤 있는 관계로 출간계약서는 우편으로 오갔다. 먼저 출판사에서 도장을 찍은 계약서를 보내 준 후, 내가 도장을 찍어 한 부는 갖고 나머지 한 부는 다시 출판사로 부치는 식이었다. 계약이 성사되고 나면 저자는 출판사로부터 계약금을 받는다.

계약금이라는 것은 거저 주는 돈이 아니다. 계약금은 선인세와 같다. 즉, 계약금은 인세를 미리 당겨서 받는 것뿐이다.

나는 첫 번째 책의 계약을 앞두고 출판사가 나에게 제시한 인세와 계약금이 조금 아쉽게 느껴졌다. 예비 작가가 출판사에 이런 의견을 내보인다는 것은 어쩌면 쉽지 않은 일이다. 주저하고 있는 내 옆에서 뭐든 밑져야 본전이라며 일단 말이라도 해 보라고 부추기는 남편 덕에 용기 내어 메일을 썼다.

출간계약서를 꼼꼼히 살펴보았습니다.

출판사에서 제시한 인세와 계약금이 제가 기대했던 것과 약간의 차이가 있습니다 혹시 둘 중 하나라도 제 기준에 맞춰 주실 수 있는지 조심스럽게 여쭤봅니다. 출판사 입장에서 어려운 요구라 생각되면 거절하셔도 됩니다.

계약서를 보내 주시면 서명해서 등기로 보내 드리겠습니다.
감사합니다.

최대한 정중하게 나의 의견을 피력하며 메일을 보냈고, 출판사에서 답장이 왔다. 인세는 조정하기 어렵지만 계약금을 조금 올리는 것은 가능하다는 내용이었다. 오호, 역시 말이라도 한번 해보길 잘했다. 어차피 계약금은 저자에게 초판 인세의 일부를 미리 주는 것이니 출판사 입장에서는 인세보다 계약금을 올려 주는 편이 나았을 것이다.

6

나도 이제 인세 받는 작가

드디어 출간계약서에 도장을 찍다.

난생처음 출간계약서를 손에 쥐었다. 흰 부분은 종이, 검은 부분은 글자. 몇 번을 읽어 보아도 계약서 내용을 완벽히 이해하기는 어려웠으나 갑에 적혀 있는 내 이름을 보고 내가 갑이라며 옆에 있는 남편에게 괜스레 호들갑을 떨었다. 갑이라고해서 특별할 건 없지만 그래도, 기분이지, 뭐. 호들갑은 그만 떨고 찬찬히 살펴보자. 자고로 계약서라는 것은 도장 찍기 전에 샅샅이 들여다봐야 한다.

출간계약서에서 가장 눈여겨 봐야 할 것은 무엇일까? 아무래도 숫자가 등장하는 조항이다. 출판사는 대부분 출판 표준계약서를 사용하기 때문에 전체적인 항목이 크게 다르지 않다. 그럼에도 숫자가 명시되어 있는 부분은 한번 더 꼼꼼하게 확인하며 살펴보자. 숫자가 들어간 부분은 다음과 같다.

- 원고 인도일
- 인세
- 계약금
- 전자책 인세
- 외국어판 저작권료

제1조 [출판권의 설정]

: 갑이 저작물과 관련해 유사한 저작물을 다시 출판할 수 없다는 내용

: 을은 원고를 인도받은 날로부터 12개월 안에 저작물을 발행해야 한다는 내용

제2조 [출판권의 등록]

: 갑은 을의 출판물에 관한 출판권 설정 등록에 협조하기로 했다는 내용

제3조 [저작재산권의 보증 및 제한]

: 갑은 저작물에 관한 완전하고 유일한 저작권자이며, 저작물에 관한 출판권 설정 등록을 이전에 하지 않았다는 내용, 다른 출판사와 겹쳐서 계약하지 않았다는 내용

제4조 [저작물의 내용에 따른 책임]

: 저작물 내용이 타인의 저작권을 침해했을 경우 전적으로 갑이 책임을 진다는 내용

제5조 [저작권, 출판권 양도 등의 경우]

: 갑 또는 을이 저작권을 양도할 때 서로에게 동의를 얻어야 한다는 내용

제6조 [계약 기간]

: 초판 발행일 이후 5년 동안 계약이 유효하다는 내용

제7조 [원고의 인도]

: (   )년 ( )월 ( )일까지 출판에 적합한 원고를 을에게 인도해야 한다는 내용

제8조 [비용 부담]

: 저작에 필요한 비용(자료비, 교통비, 숙식비, 취재비 등)은 갑이 부담한다는 내용
: 제작, 발행, 선전, 판매에 따른 비용은 을이 부담한다는 내용

제9조 [저작인격권]

: 을은 저작물의 내용을 변경하고자 할 때 갑의 동의를 구해야 한다는 내용

: 갑의 정보를 홍보와 관련해서 각종 매체에 사용할 수 있다는 내용

제10조 [저작권의 표시 등]

: 을이 저작물의 복제물에 갑의 성명과 발행 연월일 등 저작권 표시를 해야 한다는 내용

제11조 [장정, 부수, 정가]

: 복제물의 체제, 장정, 정가, 발행 부수, 중쇄의 시기, 선전, 판매의 방법 등은 을이 결정한다는 내용

제12조 [계속 출판의 의무]

: 을은 계약 기간 중 저작물을 계속해서 출판해야 한다는 내용

: 단 6개월 동안 월간 평균 판매량이 20부 이하가 될 경우 갑과 협의하여 계약 해지가 가능하다는 내용

제13조 [선급금 및 기타 내용]

: 선급금으로 (   )원을 지급한다는 내용

제14조 [출판권 설정 및 전송 허락 대가]

: 정가의 (   )퍼센트를 인세로 정한다는 내용

: 저작권 사용료는 3개월마다 정산하여 지급한다는 내용

: 을이 홍보용으로 배포하는 책자에 관해서는 인세를 지급하지 않는다는 내용

제15조 [갑에 대한 견본 전달 등]

: 초판 발행 시 10부, 개정판 발행 시 2부를 갑에게 전달한다는 내용

: 갑은 70퍼센트에 해당하는 금액으로 구입이 가능하다는 내용

제16조 [개정, 증보판 및 전집, 선집에의 수록]

: 저작물을 수정, 증보한 경우 을은 당해 부분에 관한 본 계약상의 출판권 및 전송

이용권을 갖는다는 내용

: 갑이 저작물을 자신의 전집이나 선집 등에 수록하여 출판하는 경우 을의 동의를

얻어야 한다는 내용

제17조 [전자책 및 배타적 전송권]

: 갑은 을에게 2차적 저작물 작성권을 허락한다는 내용

: 전자책 매출액의 (   )퍼센트를 갑에게 지급한다는 내용

제18조 [외국어판 저작권]

: 외국어판이 출간될 경우 수령한 금액의 (   )퍼센트를 갑에게 지급한다는 내용

제19조 [원화의 반환]

: 을은 위 저작물의 출판 후 원화 반환의 의무를 지지 않는다는 내용

제20조 [출판권 소멸 후의 배포]

: 출판권이 소멸한 후에도 을은 이미 발행된 도서 등의 재고품을 배포할 수 있다는 내용

제21조 [채무 불이행]

: 본 계약 내용을 위반할 경우 상대방은 계약을 해지할 수 있다는 내용

제22조 [위험 부담]

: 양 당사자의 책임 없는 사유로 당사자 일방의 계약 이행이 불가능하게 된 경우 이행 의무를 면한다는 내용

제23조 [소송의 관할 합의]

: 권리 의무에 관한 소송이 발생하면 을의 사업장 소재지를 관할하는 법원을 이용한다는 내용

위에 적힌 내용이 기본적인 출간계약서에 들어가 있는 항목이다(이 중 출판사나 저자의 상황에 따라 수치가 상이할 수 있는 부분은 공란으로 처리). 출간계약서에 초판 부수가 명시되어 있지 않다면 초판으로 몇 권을 찍을 건지 출판사에 물어보자. 보통 초판 부수는 2,000부지만 최근에는 1,000부를 찍는 경우도 많다고 들었다. 초판을 많이 찍는 것이 좋을까? 적게 찍는 것이 좋을까? 사실

정답은 없다. 하지만 초판으로 1,000부를 찍는 것과 3,000부를 찍는 것은 엄연히 다르다. 출판사에서 이 책이 어느 정도 팔릴지 예측하고 초판 인쇄 부수를 정하기 때문이다. 출판사 입장에서는 많이 팔린다는 확신만 있다면 초판을 대량으로 찍어 내는 것이 비용을 절감할 수 있기 때문에 그렇게 하지 않을 이유가 없다.

초보 작가인 경우 종이책 인세만 눈여겨보고, 전자책 인세와 외국어판 저작권료는 가볍게 넘어갈지 모른다. 종이책 인세는 대체로 비슷하지만 전자책 인세와 외국어판 저작권료는 출판사마다 다를 수 있다. 혹 종이책 인세가 7퍼센트인데 전자책 인세도 7퍼센트인 경우가 있다. 외국어판 저작권료도 출판사에 따라 약 30퍼센트에서 50퍼센트까지 차이가 꽤 큰 편이다. '전자책이 얼마나 팔리겠어?', '에잇, 설마 해외 판권이 팔리겠어?'라고 생각하지 말고, 이 부분도 꼼꼼하게 살펴보자. 인생 어떻게 될지 알 수 없으니.

몇 번이고 보고 또 본 뒤 출간계약서에 도장을 찍었다. 도장 쾅쾅. 나도 인세 받는 작가란 말이다, 유후.

7

멀고도 먼 끝나지 않는 퇴고의 길

출간계약서에 도장을 찍고 나니 두 가지 생각이 동시에 들었다. 지금까지 기록한 내 글이 노트북에 파일로만 남아 있지 않고 책이 되어 세상에 나올 수 있겠구나 하는 생각과, 이제 정말 제대로 된 원고로 완성해야 한다는 생각이다. 설렘과 부담감이 한꺼번에 찾아왔다. 초고를 쓸 당시 누구도 나에게 책 한번 내 보라고 등 떠밀지 않았다. 오히려 네가 무슨 책이냐고 되물었다. 초고를 완성하겠다는 것은 그저 혼자만의 다짐이었고 외로운 작업이었다. 하지만 출판사와 계약을 한 이상, 나는 더 이상 혼자가 아니었다. 나의 글을 책으로 만들어 줄 든든한 출판사가 생겼다. 쉽게 말하자면 나를 지지해 주는 투자자를 만난 셈이다. 그동안 내가 헛짓을 한 건 아니구나, 누군가 내 글을 알아봐 주는구나 싶어 마음이 몽글몽글해졌다.

이제 출간계약서에 명시되어 있는 원고 인도일까지 퇴고를 해야 했다. 원고 인도일까지 약 한 달이라는 시간이 남았다. 다시 초고를 붙잡고 다듬었다. 어떤 꼭지는 물 흐르듯이 자연스럽게 글이 써지는 반면 어떤 꼭지는 무슨 내용부터 풀어 가야 할지 몰라 한참을 모니터 앞에서 망설였다. 책을 쓰면서 알게 된 사실은 매만지고 매만질수록 점점 더 좋은 글이 된다는 것이다. 다듬는 일은 비교적 쉽다. 가장 어려운 것은 처음 글을 시작하는 것이다.

'어떻게 써야 할까?', '이렇게 써도 될까?'

수많은 망설임 속에서 한 글자도 쉽게 쓰지 못한 날도 있었다. 이런 날은 스스로 되뇌고 또 되뇌었다. 용기 내어 키보드를 두드리라고. 그렇게 한 자 한 자 써 나가다 보면 한 문장이 완성되고, 한 꼭지가 완성되는 기적이 일어난다. 역시나 다시 읽어도 엉망진창이지만 그래도 처음이 없다면 절대 한 편의 글은 완성되지 않는다.

쓰레기라고도 불리는 초고를 완성하고 나니 마침내 다듬는 작업만 남았다. 처음부터 찬찬히 몇번 씩 다시 들여다보고 또다시 들여다봐도 고칠 곳이 나왔다. 참 신기한 일이다. 내가 쓴 글이고 수십 번을 수정했는데도 계속해서 오타가 나타나고, 매끄럽지 않은 문장이 눈에 띄었다. 정말 내가 이렇게 썼나 싶은 구절이 왜 자꾸 나오는 걸까. 이렇듯 퇴고란 내 글을 달달 외울 때까지 고치고 또 고치는 작업이다.

퇴고를 하는 과정에서 내가 쓴 글이 맞는지 사실을 검증하고,

고치고

고치고

또 고쳐 본다.

저작권에 관한 부분도 명확하게 확인할 필요가 있다. 첫 책을 쓸 당시 영국 생활 사진도 책에 넣기로 했는데 내가 찍은 사진 중에 영국에서 알고 지낸 지인의 얼굴이 찍힌 경우가 꽤 있었다. 나는 수십 장의 사진들을 하나하나 살펴보면서 일일이 그들의 동의를 구하는 작업을 했다. 아무리 알아볼 수 없을 정도로 작게 나왔다 하더라도 책에 사진을 실어도 되는지 물었다. 또한 내가 쓴 영국 생활 팁 중에 사실과 다른 틀린 정보는 없는지도 꼼꼼하게 확인했다. 마지막으로 내가 직접 경험한 내용이지만 날것 그대로 책에 기록해도 좋을지 검토했다. 내 책이라고 해서 나만 등장하는 것은 아니다. 오롯이 나만의 이야기가 아니라 나를 중심으로 연결되어 있는 가족과 지인 들의 이야기도 섞여 있을 수밖에 없다. 같은 사건을 겪어도 각자의 입장에 따라 다르게 해석하는 것처럼 나의 글에 오해를 살 만한 부분이 없는지 자세히 들여다보았다. 누군가에게 상처가 되지 않는 책이 되길 바라는 마음에서였다.

길고 긴 퇴고를 마치면 그다음부터 편집자가 교정, 교열 작업에 들어간다.

1교-2교-3교-최종교

보통 저자가 한글이나 워드로 작성한 초고를 출판사에 넘기면, 편집자가 컴퓨터로 1교를 진행한 후, 본문 디자이너가 인디자인Indesign 프로그램에 1교를 앉히는 작업을 한다. 인디자인은 출판 편집 전용 프로그램이다(물론 쿽Quark이나 한글 같은 다른 프로그램을 사용하는 경우도 있다). 책의 판형과 본문 디자인에 맞춰 1교 파일을 인디자인에 앉히고 나면 제법 실제 책의 꼴에 가까워진다. 텍스트 형태였던 내 원고가 비로소 책의 꼴을 갖추게 되는 첫 과정인 셈이다.

출판사에서는 보통 3교까지 교정을 보는데 1교나 2교 때는 완성도가 많이 떨어진 상태이기 때문에 저자에게 보여 주지 않고, 3교 때부터 원고를 보여 주는 경우가 많다. 저자 입장에서 3교 때만 검토하는 것이 불안하다면 드물기는 하지만 1교 때부터 교정지를 보고 싶다고 요청을 해 보자.

퇴고 과정은 어쩌면 진절머리가 난다는 표현이 맞을지도 모른다. 고치고 또 고치는 끝이 보이지 않는 과정이라는 생각이 들 때도 있지만 사실 글을 다듬을 수 있는 기간은 한정되어 있다. 책이 인쇄되어 나오는 순간 더 이상 수정할 기회가 없다. 1쇄가 다 팔리고 2쇄를 찍을 수 있어야 그나마 오타라도 고칠 수 있다. 내 글에 손댈 수 있는 기회가 있을 때 눈이 빠져라 집중해서 샅샅이 살펴보자. 컴퓨터 파일로도 보고, 종이로도 출력해서 보자. 책으로 나온 후, 후회하는 것보다 낫다.

나의 첫 번째 책은 3교 때 처음으로 교정지를 받아 볼 수 있었다. 출판사마다 혹은 편집자마다 작업 방식이 다르겠지만 나의 첫 번째 책은 그러했다. 나도 처음이라 출간 과정을 일일이 확인하지 못했다. 3교 때 교정지를 받고 쭉 읽어 내려가다 보니 수정해야 할 부분이 한두 군데가 아니었다. 그렇게 수백 번 넘게 봤던 원고인데 아직도 고칠 문장이 이리 많다니. 3교를 받고 수정할 시간은 그리 여유롭지 않다. 마지막까지 읽고 또 읽어도 한 번의 수정으로 완벽할 순 없었다.

　두 번째 책을 낼 때는 출판사 측에 1교부터 저자 교정을 보고 싶다는 의견을 전했다. 사실 마감까지 시간이 촉박했지만 그렇게 요청할 수밖에 없었다. 첫 책과 같은 아쉬움을 남기고 싶지 않아서였다. 원고를 받을 때마다 매번 출력을 해서 읽고 또 읽었다. 화면으로 보는 것과 종이에 뽑아서 직접 손으로 줄을 그어 가며 보는 것은 엄연히 다르다. 책은 종이에 인쇄되어 나오기 때문에 꼭 출력한 형태로 읽어 보길 추천한다.

　첫 번째 경험이 있었기에 두 번째 책에는 더 진심을 담았다. 인쇄소로 넘어가기 전까지 최선을 다했다. 후회 없이 하겠다는 생각으로 머리를 싸맨 채 읽고 또 읽었다. 물론 담당 편집자가 전문가이고 내 원고를 꼼꼼히 살펴보겠지만 저자 또한 마지막까지 원고를 자세히 들여다봐야 한다. 나의 원고, 나의 글이고 내가 오롯이 책임을 져야 하는 것임으로.

책	속의	사진	이야기			

내 첫 번째 책은 여행 에세이, 두 번째 책은 실용서(자녀 육아서)
다. 두 책 모두 사진을 넣었는데 사진에 대해 궁금해하는 사람들
이 꽤 있었다.

카메라로 찍은 거야?

어디서 찍은 거야?

누가 찍은 거야?

이런 질문을 종종 받았다. 결론은 내가 사용하는 스마트폰으
로 직접 찍었다. 여행 에세이에 들어간 사진은 처음부터 책에 넣
을 용도로 찍은 것이 아니었다. 책을 쓰기로 한 후, 스마트폰 앨
범을 샅샅이 뒤져서 꼭지에 맞는 사진을 골라냈다. 처음부터 책
출간을 목적으로 촬영한 것이 아니기 때문에 그저 마음 가는대

책 속의 사진은 DSLR로 찍어야 하나요?

내가 쓰는 스마트폰으로 찍어 볼까요?

스마트폰으로도 충분해!

로 찍은 사진이 대부분이었다. 그중에서도 그나마 쓸 만한 사진이 있었던 이유는 그 당시 내가 블로그를 운영했기 때문이다. 블로거는 어딜 가나 사진 찍는 일에 열심이다. 늘 포스팅을 염두에 두고 아주 사소한 것까지도 사진으로 남기려는 습성이 있다. 사진도 글과 같다. 많이 쓰면 쓸수록 글쓰기 능력이 느는 것과 같이 많이 찍으면 찍을수록 자연스레 사진 찍는 기술도 좋아진다. 그렇게 블로거 정신이 깃든 내 스마트폰에는 꽤 괜찮은 사진들이 있었고, 책에 넣어도 아무 문제가 없었다. 그 당시 사용하던 아이폰 6S로도 충분했다.

두 번째 실용서에 들어간 사진은 책을 쓰기로 계획하고 찍었다. 그러니까 책에 넣기로 작정하고 촬영한 사진들이다. 그렇다고 해서 스튜디오를 빌리거나 DSLR 카메라를 구입하지는 않았다. 여전히 나는 평소에 들고 다니는 스마트폰을 이용했다. 여행에세이는 배경이 중심이었다면 실용서는 인물과 사물 중심으로 찍어야 했다. 주변 환경이 최대한 나오지 않게 넓고 깔끔한 실내에서 촬영하는 것만으로도 멋진 결과물을 얻었다.

출판 계약 이후 사진 작업을 진행했기 때문에 출판사의 조언을 구할 수 있었다. 다수의 실용서를 출간한 곳만이 알려줄 수 있는 실질적인 노하우였다. 나는 보통 아이폰에 있는 기본 설정 가운데 '선명하게' 필터로 촬영을 하는 편인데 출판사에서는 책에 들어 갈 사진이니 순수 원본 사진으로 찍길 권했다. 물론 어플리케

이션을 쓰는 것도 안 된다. 아이폰 카메라는 '고화질', '높은 호환성'으로 설정했다. 나머지는 촬영할 때 주의 사항이다. 기본 원칙은 최대한 주변을 깨끗하게 하는 것이다. 집이라면 가장 넓고 가구가 최대한 없는 공간에서 찍으면 된다. 사진은 다양한 각도에서 많이 촬영하는 것이 중요하다. 왼쪽, 오른쪽 위치를 바꾸어 찍기도 하고, 위에서 내려다보며 찍기도 하고, 확대해서 찍기도 한다. 어떤 사진이 책에 들어갈지 모르기 때문에 최대한 많이 촬영하는 것이 좋다. 재촬영을 하기 싫다면 한번 찍을 때 잘 찍자.

사진을 찍는 것도 보통 일이 아니지만 컴퓨터에 사진을 옮겨 정리하는 일도 만만치 않다. 촬영만큼 사진을 정리하는 데도 긴 시간이 소요된다. 낮에는 온종일 촬영을 하고, 밤에는 새벽까지 사진 파일을 정리했다. 핸드폰에 있는 사진을 카카오톡으로 전송해 컴퓨터에 저장하는 것보다 핸드폰에서 곧바로 컴퓨터로 옮기길 추천한다. 그래야 화질이 깨지지 않고, 원본 사이즈 그대로 저장된다.

스마트폰으로 촬영한 사진을 컴퓨터에 옮기기
꼭지별로 폴더 만들기
책에 넣을 사진을 선택해 꼭지별 폴더로 옮기기
꼭지와 순서에 맞게 사진 이름 변경하기 ex. 1-1-1 (1부, 첫 번째 꼭지의 첫 번째 사진)

사진 촬영 첫날에는 어찌할 바를 몰라 허둥대고 어리숙했지만 시간이 지날수록 촬영 시간도 단축되고 사진의 품질도 좋아졌다. 모든 일이 그렇다. 무슨 일이든 하다 보면 늘고, 경험이 쌓이면 전문가가 된다. 사진 찍는 경험이 쌓이니 본의 아니게 판권면에 글쓴이뿐 아니라 사진 저작자로서 내 이름 석자를 올릴 수 있었다. 전문가가 아니면 어떠하리. 글을 쓰다 보면 작가가 되고, 사진을 찍다 보면 사진작가가 되는 기적 같은 일이 일어난다.

9

내 책의 첫 번째 독자

이 책의 추천사는 대체 언제 받은 걸까?

평소에 나는 본문 앞쪽 혹은 책 뒤표지에 적힌 추천사를 보고 이런 생각을 하곤 했다. '이 책은 이제 막 나왔는데 대체 추천사는 언제 받은 걸까?'라는 의문 말이다. 첫 번째 여행 에세이는 추천사 없이 출간했으나 두 번째 자녀교육서(실용서)는 무려 열두 명에게 추천사를 받았다. 열두 명이라니 정말 많이도 받았다.

내가 추천사를 받은 시기는 1교지가 나온 후였다. 완벽하진 않지만 어느 정도 책의 꼴이 갖추어졌을 때 추천사를 요청하는 게 일반적이다. 추천사를 써 줄 사람에게 원고를 전달하는 방식은 두 가지이다. 메일로 파일을 첨부하거나, 원고를 출력해서 우편으로 보내는 방법이다. 그러니까 최종 원고는 아니지만 전체 원고를 다 읽고 추천사를 써 주는 것이다. 책이라는 실체가 없는 상태에서 어떻게 추천사를 쓰는가 하는 의문은 여기서 풀렸다.

대개 추천사는 같은 분야의 전문가에게 요청을 하기도 하고, 비슷한 주제의 책을 쓴 작가에게 요청하기도 한다. 직접적인 안면이 없더라도 추천사를 써 준다는 말이다. 그래도 우리는 기왕이면 책의 내용과 관련이 있는 지인들에게 부탁을 하는 것이 좋다고 생각했다.

제자가 하는 일이라면 발 벗고 응원해 주는 대학원 지도교수님, 세월이 훌쩍 흘러 모교의 연구교수로 재직하는 대학 졸업 동기, 센터장이 된 대학 후배 덕분에 전문가 추천사를 부탁하는 것이 어렵지 않았다. 갑작스럽게 전화로 요청했는데도 다들 마다하지 않고 잘 써 보겠노라고 답해 주었다. 며칠 고심한 끝에 보내 준 추천사를 읽을 때마다 그들의 진심이 느껴졌다. 얼마나 책을 꼼꼼하게 살피고 정성을 다해 한 자 한 자 썼는지 알 수 있었다. 아마 저자에 대한 애틋함도 컸을 것이다. 심지어 글도 어쩜 이리 잘 쓰는지. 책은 내가 아니라 이들이 써야 하지 않을까 하는 생각이 저절로 들 정도였다.

공동 저자들이 받아 온 것까지 추천사는 총 열두 개였다. 당초 출판사에서는 전문가 추천사 서너 개와 서너 줄 정도의 일반인 추천사 여덟 개가 적당할 거라고 했다. 막상 추천사를 받고 보니 예상보다 늘어난 추천사 분량 때문에 본문 쪽수를 늘릴 수 없던 출판사는 짧게 받은 일반인 추천사는 빼는 게 좋겠다는 의견을 전달해 왔다. 출판사 입장에서는 어쩔 수 없었겠지만 원고를 읽고 추천사를 적느라 고민했을 지인들의 정성을 통으로 날려 보내는 게 어찌나 속상하고 미안하던지. 수고롭게 고민하고 적어 준 이들의 글을 꼭 넣고 싶다는 의사를 출판사에 강하게 피력했더니 감사하게도 책 뒷날개를 추천사로 빼곡히 채워 주었다. 뒷날개는 보통 출판사에서 나온 다른 책을 홍보하는 공간인데, 우리를 위해 내준 것이다.

결국은 훈훈하게 잘 마무리되었지만 추천사를 받기 전 출판사와 의사소통을 명확하게 해야겠다는 교훈을 얻었다. 또한 사전에 출판사와 논의해서 추천사를 써 줄 사람에게 정확한 분량을 전달하는 것이 좋다. 혹 추천사를 수정할 경우 글이 어떻게 달라졌는지 인쇄되기 전 미리 보내 동의를 구하는 것도 잊지 말자. 내 책에 들어가는 글이지만 추천사는 내 글이 아니라 오롯이 추천인의 글이라는 사실을 명심해야 한다.

추천사를 받는 것과 더불어 1교 때 저자가 해야 할 또 다른 일은 프롤로그와 저자 소개 작성이다. 프롤로그와 저자 소개만 작성하면 책에 들어갈 내용은 전부 완성되는 셈이다.

원고를 꼼꼼하게 다시 한번 읽어 본 후, 내 책을 마주하는 독자에게 나는 결국 무슨 이야기를 하고 싶은 건지 곰곰이 생각해 보았다. 어떤 사람이 이 책을 펼치게 될까. 이 책을 읽고 나는 이 사람에게 어떤 작은 변화가 있기를 바라는 걸까. 결국 이것이 내가 책을 쓴 이유가 된다. 프롤로그를 쓰는 동안 책을 내겠다고 결심한 순간부터 지금의 내 모습이 주마등처럼 지나갔다. 이 책을 읽게 될 독자에게 진심을 다해 내 마음을 전달하는 글을 썼다. 사람들이 책을 구매할 때 중요하게 보는 부분은 책 제목, 저자 소개, 프롤로그, 차례일 것이다. 어찌 보면 가장 중요한 작업을 지금 하는 셈이다.

저자 소개 또한 다시 한번 점검했다. 이 책과 관련 없는 이력이 너무 많이 들어가 있지 않은지, 나는 어떤 사람이기에 이 책을 쓰게 되었는지 간단명료하게 정리했다.

추천사, 프롤로그, 저자 소개까지 끝이 났다면 이제 가장 중요한 책 제목과 표지를 정할 차례다.

10

책 제목은 마지막에

출간 예정일이 다가왔다. 이것은 마치 출산 예정일이 다가오는 것과 같다. 출산 전 아이 이름을 고민하는 것처럼 나는 책 제목을 고민했다. 나의 책이 사람들에게 어떤 이름으로 불리면 좋을지 말이다. 처음 출간기획서를 작성할 때 가제를 정했다. 말 그대로 가제일 뿐이다. 원고가 거의 마무리되었을 때 출판사와 저자는 책 제목에 대해 다시 논의한다.

책 제목을 짓는 것이 참 쉽지 않다. 독자의 눈에 띄어 결국에 책을 손에 집어 들도록 매력적인 제목이어야 하는 것이다. 오프라인 서점에서만 책을 사던 시절에는 이 부분만 고려하면 되니 간단했다. 하지만 지금과 같이 온라인 구매가 활발한 시대에는 단지 눈에 띄는 이름만으로는 부족하다.

온라인 서점을 이용할 때를 떠올려 보자. 오프라인 서점은 내가 필요한 주제의 책을 사러 왔다가도 신간 서적을 둘러보기도 하고, 베스트셀러를 펼쳐 보기도 한다. 그렇게 매대에 진열된 책을 즉흥적으로 구매하기도 한다. 하지만 온라인 서점의 경우는 다르다. 대부분 명확한 목적을 갖고 접속을 하며, 자기에게 필요한 책만 검색해서 찾는다.

내가 첫 책에 붙인 가제는 '내 삶의 선물, 기적 같은 일 년'이었다. 나에게 영국살이가 기적처럼 찾아온 선물 같아서다. 그렇지만 독자의 입장에서는 이것만 보고 책의 주제를 예측하기는 어렵다. 내 책을 찾는 독자는 영국 유학 혹은 이민에 관심 있는 사람일 확률이 높다. 타깃 독자가 관련 주제의 책을 검색할 때 검색창에 어떤 단어를 넣을지 곰곰이 생각해 봐야 한다. 특히 이렇게 타깃층이 명확한 경우에는 키워드를 넣어 제목을 짓는 것이 매우 중요하다. 결국 내 책의 제목은 '우리는 영국에서 일 년 동안 살기로 했다', 부제 '좌충우돌 네 가족의 영국 체류기'가 되었다. 영국이라는 키워드를 절대 놓치면 안 된다고 판단했기 때문이다.

두 번째 책은 대학교 같은 과 동기들과 함께 집필한 공동 저서다. 이 책에서는 감각통합 전문가들이 다양한 감각놀이를 소개한다. 가제는 '엄마와 집에서 쉽게 할 수 있는 감각놀이 100가지'였다. 나름 두 번째라고 처음처럼 뜬구름 잡는 제목은 아니었다. 이 책의 핵심 키워드를 가제 안에 넣으려고 노력했다. 제목을 보고 직관적으로 어떤 내용인지 알 수 있으면 된다. 책이 출간되기 전 마지막까지 편집자와 함께 제목을 논의했는데 최종 제목은 '감

독자가 뭐라고 경색들까?

각통합놀이'로 정했다. 출판사에서 감각통합 전문가들이 썼다는 점을 이 책의 차별점으로 내세우고 싶어 했기 때문이다. 결과는 어땠을까. 감각통합이라는 키워드를 넣었더니 우선 감각통합 치료를 받는 아이들의 보호자가 이 책에 관심을 보였다. 또한 임상에서 일하는 감각통합 치료사도 우리 책을 읽으며 책에 나온 방법을 치료에 적용하거나 보호자들에게 집에서 할 수 있는 놀이를 추천해 주기도 했다. 그렇게 검색창에 감각통합이라는 키워드를 넣으면 우리 책이 상단에 노출되면서 출간된 지 1년 만에 4쇄까지 찍을 수 있었다. 이 책이 독자들의 눈에 띄기 시작한 것은 콘텐츠, 내용, 홍보도 훌륭했지만 무엇보다 제목이 한몫 톡톡히 했다.

가제는 출판사의 입장을 고려해 제목만 봐도 어떤 주제를 담고 있는지 직관적으로 알 수 있도록 정하는 것이 좋다. 그렇지만 실제로 책 출간을 앞두고 제목을 지을 때는 독자의 입장이 되어 보자. 어떤 키워드를 넣어야 할지 구체적으로 고민해 봐야 한다. 사실 마지막에 책 제목을 결정할 때는 초보 저자의 의견을 내세우기보다 전문가인 출판사 사람들의 의견을 믿어 주는 것이 현명한 선택이다.

11

눈물이 울컥 나는 이 순간

교정이 거의 끝나 갈 즈음 책 제목과 함께 결정할 것은 책 표지다. 책 표지는 출판사 내부에서 확정하기도 하고 저자에게 몇 개의 시안을 보내 함께 의논하기도 한다.

첫 책 영국 생활을 담은 에세이 표지 파일이 메일로 도착했다. 하나는 영국 국기 유니언잭이 크게 그려진 표지였고, 나머지 하나는 유모차를 끄는 나와 남편, 킥보드를 타는 우리 딸 하은이가 함께 길을 지나가는 표지였다. 첫 번째는 정말 딱 영국 이야기라는 데 중점을 뒀고, 두 번째는 영국에 혼자가 아니라 가족이 어린 아이들과 함께 갔다는 데 초점을 맞췄다.

표지를 열어 보니 나도 모르게 코끝이 찡해지고, 눈시울이 붉어졌다. 맨 앞에 적혀 있는 내 이름 석자. 이제 정말 내 이름으로 된 책이 나오는 것이다. 믿기지 않는 일이 현실이 되었다. '나는 작가가 된다'고 마음속으로 되뇌고 되새겼는데 그 일이 이루어진 것이다. 세상에나 말이다.

책 표지를 골라야 하는데 나 혼자서 고민하기보다 여러 사람의 의견을 참고하는 게 좋겠다는 생각이 들었다. 내 눈에 예쁜 것보다 중요한 것은 서점에 내 책이 진열되었을 때 사람들의 눈길을 끌어야 한다는 점이기 때문이다. 블로그 이웃들의 의견을 들어보기 위해서 표지 시안을 올리고 어떤 표지가 더 끌리는지 댓글을 달아 달라고 했다. 사실 이 글은 두 가지 목적이 있다. 한 가지는 정말 다른 사람들의 시각으로 어떤 표지가 더 좋아 보이는지 궁금해서고, 나머지 한 가지는 이제 곧 책이 출간된다고 블로그를 통해 알리기 위해서다. 책 홍보 작업 중 하나인 셈이다.

블로그 이웃, 인스타 친구에게 내 책을 알리는 것은 매우 중요한 일이다. SNS를 하지 않는 가까운 지인들은 내 책을 한 권을 사 주는 데 그치지만 온라인 친구는 본인 SNS에 내 책을 알리기까지 한다. 그들의 포스팅으로 인해 다른 사람에게 내 책이 홍보되고, 그중에 어떤 사람은 그 글을 통해 나의 독자로 연결되기도 한다. 그렇기 때문에 책이 출간되기 전에 SNS에 책에 대한 이야기를 올리는 일은 꼭 필요하다.

신기하게도 우리 가족과 알고 지내는 지인들은 대부분 가족 이미지가 들어간 두 번째 시안을 선택했고, 블로그 이웃들은 영국 국기가 그려진 첫 번째 시안을 조금 더 많이 골랐다. 아마도 지인들은 우리 가족 이야기가 궁금하고, 블로그 이웃들은 영국 생활이 궁금해서 그런 듯하다. 출판사 편집자는 다른 편집자들과 이야기를 나눠 보았는데 책의 내용과는 두 번째 시안이 더 잘 어울린다는 의견이 많다고 했다. 나의 책은 단순히 정보만을 담은 여행 가이드북이 아니라 떠나기 전부터 영국에 체류하는 기간까지 우리 가족이 겪은 다양한 에피소드를 담은 에세이에 속하기 때문이다. 최종적으로 출판사와 나의 의견을 조율해 두 번째 시안으로 표지를 확정했다.

　이로써 책에 들어갈 모든 작업이 완료되었다. 이제 인쇄 작업만 끝나면 책이 나올 참이었다. 평소와 같이 일어나 아이들을 어린이집에 보내고 소파에 덩그러니 앉아 한숨 돌리고 있는데 편집장의 메시지가 도착했다. 직접 인쇄소에 가서 내 책이 종이에 찍히는 장면을 영상으로 담아 보내 준 것이다. 인쇄기 돌아가는 소리가 휙휙 빠르게 들리고, 내 책이 한 장 한 장 출력되는 장면이다. 거의 1년 가까이 잡고 있었던 원고가, 1년 동안 영국 생활을 한 우리 가족의 소중한 추억이 새롭게 태어나는 순간이다. 이제 정말 책이 되어서. 다시 주워 담을 수도 없고 고칠 수도 없는 나의 책 2500부가 세상에 나오고 있었다.

　나는 이제 정말 작가가 된 것일까.

나의 글이 책이 되고 있다.

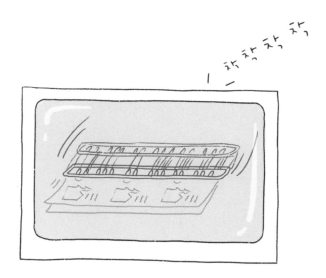

4부

드디어 출간! 끝이 아닌 시작

1

이렇게 스트레스 받을 줄이야

밤에 잠이 안 온다.

책이 인쇄되는 동안 나는 밥을 먹을 때도 아이들과 함께 길을 거닐 때도 인쇄기 돌아가는 모습이 선명하게 떠올랐다. 기나긴 책 작업이 끝나면 홀가분해질 거라는 생각과 달리 온종일 좌불안석이었다. 책이 곧 출간된다는 사실을 알고 있는 가까운 지인들이 나에게 물었다.

"책이 출간되니 어때?"

크고 작은 산을 넘고 넘어 그렇게 원하고 바라는 일이 이루어지니 마냥 설레고 좋을 거라 생각하고 묻는 질문이겠지만 정작 나는 "응, 좋아"라는 대답이 선뜻 나오질 않았다. 막상 전국 서점에 내 책이 깔린다고 상상하니 심장이 걷잡을 수 없이 빨리 뛰었다. 이러한 긴장감과 두려움은 어디에서 오는 걸까. 곰곰이 고민해 보니 그것은 다른 사람의 시선과 평가였다. 서점에 있는 내 책을 누구나 펼쳐 보고 구매할 수 있다. 나를 아는 누군가가 우연한 계기로 서점에서 내 책을 발견할 가능성도 없지 않다.

석경아가 책을 썼네?
갑자기 웬 책을 썼지?
이 실력으로 책을 쓴 거야?

누군가의 써늘한 반응에 무심한 척 덤덤하게 마주할 마음의 준비가 아직 되지 않았다. 책을 낸다는 것은 내 책에 대한 냉철한 피드백에도 흔들리지 않고 받아들일 준비를 해야 하는 것이다. 에세이는 개인의 경험과 생각을 담은 글이기에 모든 사람이 내 이야기에 고개를 끄덕여 주지 않는다. 각자 자기만의 생각이 있고 그것을 주장할 권리도 있기에. 더구나 이 책은 나의 첫 책이지 않은가. 보기 좋게 다듬어지지 않은 날것을 그대로 보여 주는 나의 첫 번째 책이다. 처음 경험하는 모든 일은 어리숙하고 서툴 수밖에 없다는 것을 받아들이자. 키보드를 두드리고 있는 지금도 여전히 나는 다른 사람의 평가에 자유롭지 않지만 용기를 낼 뿐이다. 달고 쓴 모든 피드백을 감사하게 받아들이기로.

또 하나의 두려움은 가족들의 반응이었다. 에세이는 나의 경험을 바탕으로 하기 때문에 내가 살아온 배경, 나와 관련된 사람들의 이야기가 자연스럽게 노출될 수밖에 없다. 이러한 내용이 들어 있지 않다면 에세이에 무슨 말을 적을 수 있겠는가. 나의 시선과 감정에 맞춰 이야기를 풀어 놓다 보면 어느 지점에서는 가족들이 불편함을 느낄 수 있다. 각자 입장이 다르기 때문이다. '굳이 이렇게까지 다 공개해야만 했니?' 혹은 '내 뜻은 그게 아닌데 대체 왜 너는 그렇게 느꼈니?'라고 물을 수도 있다. 그렇기에 나를 모르는 불특정 다수보다 나와 관계가 깊은 사람들의 반응이 더 걱정되었다. 이런 생각이 에세이를 쓰면서 가장 어려웠던 점이다. '정말 내가 이렇게까지 숨김없이 써도 되는 걸까?', '어떻게 표현하면 모두가 불편하지 않게 이야기를 풀어 나갈 수 있을까?'라는 고민이 따라다녔다. 그렇다고 이런 일에 일일이 신경 쓰며 글을 써 내려간다면 진짜 하고 싶은 이야기는 담지 못한 껍데기에 불과한 책을 내게 될지 모른다.

모든 일은 동전의 앞면과 뒷면처럼 양면성이 있다. 책 출간을 앞두면 내가 작가가 된다는 설레임 못지않게 긴장감과 두려움이 찾아와 좀처럼 잠을 이루지 못한다. 여러 가지 복합적인 감정을 느끼고 받아들이는 것 또한 작가가 되어 가는 과정 중 하나이다. 타인의 시선과 평가로부터 움츠러들지 말고 어떠한 상황에서도 흔들리지 않는, 단단하고 유연한 사람이 되자.

2

예약판매가 뭐지?

평소처럼 아이들을 어린이집에 보내고 방에 수북이 쌓인 빨래를 개는 중이었다. 드르륵 핸드폰 진동이 울린다. 지난 주말에 만난 남편 친구의 부인에게 온 메시지였다.

"이 책 맞아요?"

'책이 아직 나오지 않았는데……'라고 생각하면서 링크를 열어 보니 내 책 표지가 눈앞에 딱 뜨는 것이 아닌가. 나도 전혀 몰랐는데 말이다. 이제 막 인쇄에 들어갔으니 책이 완성되면 판매되겠지 하고 막연하게 생각했는데 책을 손에 받아들기도 전에 검색이 되다니. 나에겐 모든 것이 새로운 일이라 들뜬 마음으로 편집장에게 메시지를 보냈다.

"편집장님. 제 책이 검색되네요."

책을 처음 쓰는 나에게는 신기한 일이지만 편집장에게는 놀라울 일이 아니었다. 편집장은 이제 다른 사이트에서도 검색이 될

내 책이 검색 된다니!!

거라며, 이번 주 중에 인쇄가 끝나고 제본까지 마무리되면, 이어서 배송이 시작될 거라고 알려 주었다. 책은 완성되지 않았지만 인터넷 서점에서 책을 구매할 수는 있었다. 이것이 바로 예약판매다. 책이 서점에 유통되기 전 온라인 서점 예약판매를 통해 미리 책을 구매하면 제작이 완료된 시점에서 최대한 빨리 책을 받아 볼 수 있다.

책이 검색된다는 것을 알고 나서부터 틈만 나면 검색창에 책 제목을 넣어 봤다. 그날 아침에는 단 한 군데 서점만 주문이 가능했는데 하루가 지나자 여덟 군데가 넘는 곳에서 예약판매가 이루어졌다. 이제 내 책을 누구든지 구매할 수 있는 것이다. 제일 먼저 가족 채팅방에 예약판매 링크를 남겼다. 내가 이 책에 얼마나 공들였는지 제일 잘 알고 가장 기뻐해 줄 사람은 친정 부모님이다. 그리고 아주 가깝게 지내는 몇몇 지인에게도 예약판매 링크를 보냈다. 마치 이날은 내 생일 같았다. 모두들 함께 진심으로 기뻐하고 축하해 주었다.

"출간 축하해"

흔히들 책 쓰기를 출산에 비유한다. 출산만큼 오래 걸리고 힘든 고통의 시간을 감내해야 된다는 뜻일 것이다. 정말 책은 열 달 품고 있다 세상 밖으로 내놓은 자식과도 같다. 하루종일 실컷 축하를 받고, 가족들과 함께 작게나마 출간 파티도 했다. 출간 소식을 알릴 사람은 가족, 지인 그리고 블로그 이웃이 있었다. 특히 블로그 이웃은 영국 생활부터 책이 출간되는 모든 과정이 고 스란히 기록된 나의 포스팅에 응원의 댓글까지 남기며 관심을 보 였던 감사한 분들이다. 한 번도 얼굴을 마주한 적은 없지만 진심 으로 서로의 행보를 응원해 주는 끈끈한 관계였다. 떨리는 마음 으로 블로그에 예약판매가 시작됐다는 글과 함께 책 출간 이벤 트도 열었다.

보통 예약판매는 내 책이 출간된다는 사실을 미리 알고 있는 사람들만 아는 경우가 많다. 지인이 아니면 책의 존재를 알기 어 렵다는 말이다. 그렇기 때문에 "예약판매는 지인발이다"라는 말 을 하기도 한다. 내가 유명 인사도 아닌데다 이 시점에서 신간 홍보 기사가 쏟아져 나오는 것도 아니다. 결국에 내가 내 입으로 "제 책이 출간됐어요"라고 떠들지 않으면 아무도 내 책이 나왔 다는 사실을 모른다. 예약판매 기간 동안 책을 구매해 주는 사람 은 가족, 가까운 지인, 블로그 이웃 정도가 될 것이다.

예약판매가 꽤 중요한 역할을 한다고 한다. 책이 정식으로 출 간되기도 전에 예약판매지수가 높으면 소위 '팔릴 책'으로 간주 되어 오프라인 서점에 더 많이 진열될 확률이 높다. 출판사 영업 자가 교보나 영풍 같은 오프라인 서점과의 미팅에서 신간 배본 부수를 정할 때 참고 자료가 될 수 있다는 말이다. 예약판매 반 응이 시원치 않으면 출간과 동시에 그냥 묻힐 가능성도 커진다. 내 책의 예약판매가 시작된다면 체면이나 염치를 따지지 말고 지인에게 홍보를 하는 게 좋다. 하지만 막상 닥치면 내 책을 내가 홍보한다는 게 결코 쉬운 일은 아니다.

3

지인에게 말해, 말아?

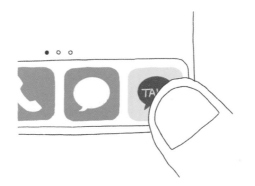

책 출간 이야기를 해 볼까?

막상 하려니 민망하다.

예약판매가 이루어지고 며칠이 지난 뒤 가족들과 함께 나들이를 다녀오니 현관문 앞에 택배 상자가 놓여 있었다. 아, 드디어 책이 도착했구나. 손이 바쁘게 움직였다. 상자를 뜯어 보니 책 열 권이 들어 있었다. 책이 출간되면 저자에게 보통 열 권을 증정한다. 내 손에 들어온 나의 책. 감회가 새로웠다. 표지부터 저자 소개, 프롤로그, 차례, 본문과 사진을 찬찬히 살펴 봤다. 나의 경험이 글이 되고 이렇게 책 한 권으로 묶여 세상에 나온 것이다.

예약판매를 통해 책을 구매한 지인이 하나둘 메시지로 '인증숏'을 전송해 왔다. 책이 잘 도착했단다. 보통 자신에게 필요하거나 관심 있는 주제의 책을 사기 마련이지만 지인들은 오롯이 내가 썼다는 이유로 돈을 지불하고 내 책을 구입했으니 여간 고마운 일이 아니다. 출간기획서 홍보 방안에 예비 저자들이 "동창회를 통해 200권 판매" 따위의 문구를 넣는 경우가 많다고 한다. 자신의 인맥을 총동원해서 책을 팔겠다는 야심 찬 계획이지만 책을 한 번 이상 내본 경험이 있는 작가들은 손을 절레절레 흔들며 이렇게 말한다.

"지인들이 책을 사 줄 것 같죠? 생각보다 아는 사람이 더 안 사 줘요."

어찌 보면 당연한 말 아닌가. 나를 아는 사람이라고 해서 내 책을 무조건 구매할 의무는 없다. 구입해 주면 그저 고마울 뿐이다. 그럼에도 저자는 책을 판매할 의무가 있다. 나는 성실하게 시간을 쏟아 글을 썼고, 출판사에서는 정성과 돈을 들여 책을 제작하고 유통했다. 적어도 내 책이 출판사에 짐이 되어서는 안 될 일이다.

저자는 책이 출간된 후, 자신이 할 수 있는 한 모든 홍보를 다 해야 한다. 그러려면 구입할 의무가 전혀 없는 지인에게도 출간 사실을 알려야 하는데 생각보다 꽤 어려운 일이다. 적어도 나에게는 그러했다. 저자의 성격에 따라서 조금은 가볍게 접근하는 사람도 있을 테고, 반대로 온갖 스트레스를 받아 가며 겨우겨우 하는 사람도 있을 것이다. 어쨌든 책이 나온 후, 저자는 어느 정도 철판을 깔아야 한다는 사실만은 분명하다. 지인을 만나거든 "오늘 밥은 내가 살 테니 너는 내 책을 한 권 사 주렴"이라고 말할 수 있을 정도로.

내가 할 수 있는 홍보를 해 보자. 그중 하나가 카카오톡 프로필을 책 표지 이미지로 변경하는 것이다. 프로필 사진을 누르고 조금만 유심히 살펴본다면 내가 책을 썼다는 사실을 알 수 있기 때문이다. 간접적이지만 다수의 지인에게 출간 소식을 알릴 수 있는 방법이다.

그다음으로 할 수 있는 일은 가깝게 지내는 지인에게 직접 연락을 해서 책 출간 사실을 알리는 것이다. 나는 카카오톡 메시지 창을 열었다 닫았다를 반복하며 평소 내가 책을 쓴다는 사실도 몰랐던 지인들에게 갑작스럽게 출간 소식을 전하는 것이 뜬금없기도 하고, 상대방에게 부담을 준다는 생각이 들었다. 휴, 나는 대체 왜 이렇게 생각이 많은지 모르겠다.

그렇다면 범위를 좁혀 보자. 나에게는 이런 부류의 지인들이 있었다. 1년 열두 달 연락 한 번 하지 않고 지내다가 어느 날 불쑥 메시지를 보내도 전혀 어색하지 않은 사이, 결혼하기 전처럼 서로 얼굴을 자주 보고 연락을 하며 지내는 것은 아니지만 어디에 있든지 서로의 삶을 진심으로 응원해 주는 끈끈한 사이. 이런 지인들에게는 불쑥 연락을 취하는 것이 크게 어렵지 않았다. 그것은 홍보 차원에서라기보다 나에게 일어난 큰 변화를 공유하려는 마음에서 한 연락이었으니까. 그들은 함께 진심으로 기뻐해 줄 친구들이기 때문이다.

전혀 예상하지 못했지만 지인들 중에 몇몇은 내 책의 홍보대사를 자처하기도 했다. 이 얼마나 감사한 일인가. 든든한 지원군 막내 이모는 자신의 집 근처 대형 서점 곳곳을 돌아다니며 내 책의 재고를 살폈고, 직원에게 입고를 요청하기도 했다. 마치 작가와는 아무런 관계가 아닌 것처럼.

"출간된 지 얼마 되지도 않은 책이 서가에 꽂혀 있으면 어떡해요? 이 책이 얼마나 인기가 많은데……. 제가 다섯 권 사려고 하는데 재고가 없네요?"

이렇게 며칠에 한 번씩 서점을 드나들며 책을 사고 매대에 책이 잘 진열되어 있는지 확인하는 이모가 얼마나 든든했는지 모른다. 차마 저자인 나도 할 수 없는 오지랖을 대신 부려 준 고마운 이모.

또 한 명의 홍보대사는 우리 형님이었다. 형님은 그 동네에서 소문난 마당발인데 우리 올케가 책을 썼다며 동네 엄마들에게 조카 까까 사 주는 셈치고 한 권씩 구입하라고 강매(?)를 했단다. 혹여 인터넷 서점 이용을 어려워할까 봐 형님이 직접 주문을 받아서 동네 곳곳을 자전거 타고 책 배달도 다니고. 이 얼마나 수고로운 일인가.

자신이 살고 있는 곳 주변 도서관에 희망 도서를 신청해 주는 번거로운 일을 마다하지 않는 지인도 있고, 내 책을 선물용으로 계속해서 구매해 주는 지인도 있었다. 이렇듯 지인이 책 한 권 사 주는 것이 쉽지 않은 일이라고 하지만 그럼에도 우리들 주변에 든든한 지원군 몇 명은 있기 마련이다. 참 감사한 일이다.

나	도		사	인	이	라	는		것	을			
									만	들	어		볼	까

책이 출간되고 나면 지인들로부터 종종 책이 도착했다는 연락이 온다. 더불어 다음에 만나게 되면 꼭 사인을 해 달라고도 한다. 나에게 사인이라니. 사인은 연예인이나 운동선수 혹은 정치인 등 어느 분야에 특출난 사람이나 하는 거라 여겼다. 평소 서명할 일 이 있으면 별다른 사인 없이 이름 석자를 무심하게 적는 나였다. 가끔 사인을 참 멋스럽게 하는 사람들을 보면서 대체 이런 사인 은 어떻게 만든 건지 궁금했다. 학창 시절 친구들끼리 모여 우리 도 사인을 한번 만들어 보자며 연습장에 재미 삼아 사인 연습을 했던 적도 있었지만 서른 중후반까지 나는 제대로 된 사인이 없 었다. 손 글씨를 적는 것도 손 그림을 그리는 것도 소질 없는 내 가 사인이라니 생각만 해도 낯간지럽다.

그럼에도 사인이 있어야 한단다. 주변에 책을 출간한 분들의 피드를 보면 종종 사인을 하는 '인증숏'이 올라오는 데다 불쑥 누군가 책을 내밀면서 사인을 요청할 때 무작정 마다할 수는 없으니 말이다. 아직도 사인이 없는 거냐며 친한 동네 언니가 나를 앞혀 놓고 사인을 만들어 보자고 했다. 테이블 위에 하얀 종이를 꺼내서 내 이름을 영문으로도 끄적거려 보고, 한글로도 써 보았다. 캐릭터를 그려 보기도 하고, 문구를 써 보기도 했다. 와, 이거 어렵다. 다양한 방법으로 만들어 봐도 딱 마음에 드는 사인이 나오지 않았다. 이 '똥손'을 어찌할까. 심지어 똑같은 모양의 사인을 해도 언니가 쓰는 게 더 예뻤다.

글씨 연습을 좀 더 해야 할까?
사인하기 좋은 펜을 사 볼까?
사인을 조금 더 멋스러운 걸로 바꿔 볼까?

어떻게 해야 사인을 잘하게 될까. 책을 출간하고 나니 평소에 하지 않던 고민이 생겼다. 종이 몇 장을 쓰고 결국 돌아 돌아 선택한 것은 내 이름 석자를 가볍게 흘려 쓰는 것. 나란 사람은 이렇게 단순하다. 내 마음에 들고 쓰기 편안해야 하니 이것이 나한테 맞는 것이다.

"당신은 당신이 상상하는 것보다 훨씬 위대한 사람입니다."

내 책 프롤로그에 있는 문구를 적고, 내 이름 석자와 날짜를 적는 것으로 사인 만들기를 마무리했다. 사인을 완성하기는 했지 한글로 써 볼까?
영어로 써 볼까?

사인 만들어야지?

당신은 당신이 상상하는 것보다
훨씬 위대한 사람입니다.

이 사인 쓸 일 있을까?

만 누군가 책을 들이밀며 "작가님, 사인해 주세요" 하면 나도 모르게 얼굴이 빨개지며 손사래부터 쳤다.

"아, 사인은 안 해 드려요."

사인을 해 달라는데 또 굳이 안 해 준다고 대답하는 나. 내가 생각해도 참 이상하다. 처음에 반사적으로 거절을 하다가도 몇 번이고 다시 요청하면 내가 뭐라고 계속 거절할 수도 없는 노릇이다. 손끝에 하나하나 힘을 주고, 상대방에 대한 진심을 담아 사인을 했다. 나의 책을 구매하고 읽어 주는 독자 분이니 얼마나 고마운가. 내가 뭐 특별할 것도 없는 사람인데 말이다. 내 사인을 이리 귀하게 여겨 주는 분이 있다는 것이 그저 감사할 뿐이다.

책을 출간하고 가장 큰 변화는 작가라는 호칭이 나에게 생긴 것이다. 책이 출간된 지 1년이 훌쩍 지난 뒤에도 나는 작가라는 호칭이 여전히 멋쩍었다. 책을 얼마나 더 내야 이 호칭에 익숙해질까. 나 스스로 아직 작가라 불리기에 부족하다는 생각을 하나 보다. 언제쯤이면 나도 흔쾌히 사인을 해 줄 수 있을까. 나도 참 궁금하다.

5

매일 아침 눈 뜨면 판매지수

오늘은 판매지수가 얼마일까?

어제보다 300 올랐네.

책이 출간되면 매일 아침 눈을 뜨자마자 새롭게 하는 일이 있다. 바로 인터넷 서점 홈페이지에서 판매지수를 확인하는 일이다. 그것은 마치 매일 아침 날라 오는 성적표 같은 느낌이다. 판매지수는 말 그대로 일정 기간 동안 이 책이 얼마만큼 판매되었는지를 숫자로 보여 주는 것이다. 인터넷 서점마다 고유의 기준을 적용해 판매지수를 산출한다. 예스24의 판매지수는 예스24만의 기준이 적용된 수치다. 보통은 인터넷 서점 업계에서 매출 1위인 예스24의 판매지수를 보면 대략적인 책의 판매 현황을 알 수 있다고 한다.

독자의 입장에서 책을 구매할 때는 보이지 않던 판매지수가 책을 출간하고 나니 눈에 들어오기 시작했다. 무슨 책을 검색하든 판매지수가 가장 먼저 눈에 띈다. 판매지수를 보면 대략적으로 이 책이 어느 정도 팔렸는지, 출간 후 독자들의 반응이 어땠는지 예측할 수 있다. 그렇기에 책을 구매할 때 중요한 지표가 되기도 한다.

처음에는 판매지수를 어떻게 계산하는지 전혀 알지 못했다. 출판사 측에서 말하기를 예스24 판매지수는 하루에 한 아이디당 한 권만 반영이 된다고 한다. 그러니까 책을 구매할 때 내 아이디로 다섯 권을 한꺼번에 산다 해도 판매지수는 60점밖에 올라가지 않는다. 반면 하루에 한 권씩 닷새 동안 나눠서 다섯 권을 구입하면 판매지수가 300점이나 올라간다. 이런 사실을 알 리가 없는 초보 작가인 나는 친정 엄마가 다섯 권을 부탁하면 한꺼번에 다섯 권씩 사곤 했다. 한 권만 구매해도 배송비가 무료이기 때문에 당장 필요한 것이 아니라면 나눠 사도 상관없는데 말이다.

첫 번째 책을 출간했을 때는 이런 세세한 부분까지 몰라서 그저 판매지수가 올라가길 바라는 데 그쳤지만 두 번째 책을 내고부터는 하루에 한 권씩 나눠서 샀다. 판매지수, 이게 뭐라고. 이렇게까지 귀찮게 해야 할까 싶지만 책을 출간해 본 이라면 나의 이 집요함에 공감해 주리라. 어쨌든 판매지수가 높으면 상단에 노출될 확률이 높고, 온라인 서점에 접속한 독자들에게 신뢰감을 준다. 물론 예전의 나처럼 판매지수가 무엇인지 모른 채 장바구니에 책을 담는 독자들도 많을 테지만.

책이 출간되고 일정 기간은 판매지수가 상승세를 보인다. 하지만 어느 순간 정점에 다다랐다가 하락세로 돌아서는데 이 정점을 언제 찍느냐가 관건이다. 어떤 책은 일주일 만에 정점에 도달했다가 다시 내려오기도 하고, 어떤 책은 몇 달이 지나도록 고점에서 떨어지지 않기도 한다. 출간되고 얼마 동안은 '신간발'로 판매지수가 유지되지만 시간이 지나면 오롯이 책의 힘으로 버텨야 한다. 물론 출판사와 저자가 지속적으로 마케팅을 하는 것도 중요하지만 독자들 스스로 책의 진가를 발견하고 구매로 이어졌으면 하는 바람이다.

판매지수 외에 인터넷 서점에서 눈여겨보는 것은 분야별 순위다. 서점에서는 책을 큰 범주에서 작은 범주로 나눠서 순위를 매긴다. 나의 첫 책은 여행 에세이 20위까지 올라간 적이 있다. 여행 에세이 분야에 들어가면 순위별로 책이 노출될 때 적어도 내 책이 20번째에 나온다는 의미이다. 두 번째 책은 육아 실용서였는데 큰 범주로는 가정/살림 분야에 들어갔다. 분야별 순위도 판매지수와 마찬가지로 책이 출간되고 상승세를 나타내다가 어느 순간 최고 순위를 찍고 하락세를 보였다.

　판매지수와 순위, 도대체 이게 뭐라고. 매일 아침 눈을 뜨면 부스스 일어나 안경을 집어 쓰고 사이트를 검색했다. 언제쯤 판매지수에서 자유로워질 수 있을까.

6

끝이 아니라 시작이었다

어언 1년 가까이 붙잡고 있던 원고가 드디어 세상에 책이 되어 나왔다. 초보 작가인 나는 이걸로 끝이라고 생각했다. 하지만 이 건 나만의 큰 착각이었다. 책 표지에 버젓이 내 이름 석자가 찍힌 책이 이 세상에 2,500부가 존재하게 된 것이니. 이제는 결코 엎을 수도 지울 수도 없다. 그렇게 끝인 줄 알았던 책 출간은 나에게 새로운 일의 시작이었다.

책이 출간되기 전에는 원고를 쓰는 일이 저자가 해야 할 일이라면 출간된 후에는 책을 홍보하는 일이 저자가 해야 할 일이다. 책이 나왔다고 해서 저자가 할 일이 끝난 것이 아니었다. 책을 저자가 파는 거였다니. 아이러니하게 저자는 출판사가 책을 팔아 주길 원하지만 역으로 출판사는 저자가 책을 팔아 주길 원한다. 양쪽 모두 시너지 효과가 나면 가장 좋겠지만 그렇지 않을 경우가 많다. 저자는 출판사에 내 자식이 홀대받는 듯한 서운한 감정이 생길 수 있고, 출판사는 저자가 홍보에 더 많이 나서길 바랄 수 있다.

나와 비슷한 시기에 책을 출간한 작가가 있다. 이 작가를 보고 있노라면 어쩜 저렇게까지 홍보를 열심히 할까 싶을 정도로 열정적이었다. 그 작가는 내 자식과도 같은 책이 창고에 쌓여 있는 것을 보고만 있진 못하겠다고 말하며 책을 출간한 후 저자로서 할 수 있는 모든 홍보를 다 했다.

작가가 할 수 있는 홍보는 무엇이 있을까?

- 출간기념회
- 북토크, 북콘서트
- 문화센터나 도서관 강연
- 동네 책방 강연
- 출간 이벤트
- 서평단 모집
- SNS 인플루언서를 통한 책 홍보
- 책 주제와 관련된 인터넷 카페를 통한 홍보
- 등등

그 밖에도 다양한 홍보 방안이 있겠지만 이 정도는 허들이 높지 않아 누구나 마음을 쓰면 실천 가능하다. 가장 쉽게 접근할 수

출간기념회 　 북토크

SNS 홍보 : 이벤트 , 서평단 모집 등

문화센터 강연

작가가 할 수 있는 홍보는 무엇이 있을까?

있는 방식은 개인 SNS를 통해 책을 홍보하는 것이지만 그전부터 SNS를 운영해 오지 않았다면 가장 어려운 방법이기도 하다.

사실 초고를 작성하면서 개인 블로그에 꾸준히 글을 올린다는 것은 쉽지 않은 일이다. 나 또한 두 마리 토끼를 잡지 못했다. 블로그에 글을 쓰는 날이면 초고를 쓰지 못했고, 초고를 쓰는 날이면 블로그에 글을 쓰지 못했다. 이러다가 기한 내에 초고를 완성하지 못할 것 같아 의식적으로 블로그보다 원고에 집중하기 시작했다. 최우선 순위를 초고에 두고 그것을 계획만큼 쓰지 못한 날이면 블로그를 아예 하지 않았다. 그렇다 보니 자연스럽게 블로그에 포스팅을 하는 날이 줄어들었다. 정작 둘 다 제대로 해내지 못한 사람으로서 부끄럽지만 그럼에도 꾸준히 개인 SNS를 하는 것을 추천한다. 글밥이 많은 블로그가 부담스럽다면 가볍게 피드를 올릴 수 있는 인스타를 지속적으로 관리해 보자.

초고를 완성할 때까지는 책에 온 신경이 집중되기 때문에 어려울 수 있지만 초고를 출판사에 넘기고 책이 출간되기까지 몇 달 동안은 SNS 작업을 절대 놓아선 안 된다. 내가 책을 썼으며 곧 책이 출간되리라는 사실을 노출해 보자. 책의 주제와 관련된 문장을 카드 뉴스로 제작해 내 피드를 보는 사람들이 그 내용을 궁금해하도록 만들자. 책의 타깃 독자들이 점점 내 SNS에 모이도록 하는 것이 핵심이다.

과거에는 오프라인 홍보에만 절대적으로 의존한 반면 현재는

블로그에 책 출간 이벤트라도 열어 볼까?

온라인 마케팅이 훨씬 더 중요해졌다. 이렇게 개인 SNS가 탄탄하게 받쳐 준다면 홍보 작업이 조금은 수월할 것이다. 나와 SNS에서 끈끈한 유대 관계를 맺고 있는 온라인 지인들은 책이 출간되면 책을 읽어 주는 데 그치지 않고, 자신의 SNS에서 자발적으로 홍보를 해 주기도 한다. 이렇게 리뷰가 쌓이고 쌓이면 저자도 모르는 사이 자신의 책이 널리 널리 퍼지게 된다.

개인 SNS에 타깃 독자를 모으는 것과 반대로 타깃 독자가 모인 커뮤니티에서 내 책을 홍보하는 것 또한 좋은 방법이다. 영국 생활 에세이가 나왔을 때 출판사에서는 영국과 관련된 대형 인터넷 카페에서 서평단 이벤트를 하자고 제안했다. 영국에 이미 거주하고 있는 사람들뿐 아니라 영국으로 출국하려는 사람들이 정보를 얻기 위해 가입하는 한 카페에서 서평단 이벤트를 열었다. 영국과 관련된 책을 제공해 주는 이벤트니 카페 운영진도 이런 건 언제나 환영이라며 적극적으로 지지해 주었다. 카페 공지사항에 서평단 이벤트 글이 올라가자마자 댓글들이 좌르륵 달리기 시작했다. 책의 주 타깃층이 모인 곳이라 관심과 참여도가 높았다. 이벤트를 진행하는 동안 카페 상단에 글이 올라와 있었기 때문에 이벤트에 참여하는 사람들만이 아니라 다른 글을 보려고 카페에 접속한 사람들에게까지 자연스럽게 책이 홍보되는 좋은 기회였다.

개인 SNS를 꾸준히 관리해 타깃 독자를 모으는 방안부터 타깃 독자가 모인 커뮤니티를 활용하는 방안까지 다양한 마케팅 방법을 시도해 보자.

7

서 점 투 어 의   시 작

두리번 두리번

내 책이 어디 있으려나!

초고를 완성하기까지 무수히 서점을 드나들었다. 내가 책을 낸
다는 게 과연 가능한 일인가? 의심이 스멀스멀 올라올 때면 서점
에 가서 신간을 둘러보고, 내 책이 서점에 배치되는 기분 좋은 상
상을 하곤 했다. 나의 첫 책이 출간되고, 인터넷 예약판매를 거쳐
전국 서점에 책이 배포되었다.

  내 책이 서점에 잘 진열되어 있는지 직접 눈으로 보고 싶어서

집에서 가장 가까운 서점으로 향했다. 내 책이 어디에 있으려나? 일단 에세이 신간 매대로 발걸음을 옮겼다. 다행히도 에세이 신간 매대에 내 책이 보기 좋게 잘 세워져 있다. 얼마나 자주 상상했던 장면인가. 정말 내 책이 다른 책들과 함께 서점에 있구나. 괜스레 뿌듯한 마음에 책을 만져 보고 그냥 발길을 돌릴 수 없어 집에도 여러 권 쌓여 있는 내 책을 한 권 더 구매했다. 책이 잘 있는지 확인하고 이튿날은 또 다른 서점으로 발길을 옮기며 서점 투어를 시작했다.

이번엔 아무리 뒤져 봐도 신간 매대에서 내 책을 찾을 수 없었다. 결국 검색대에 가서 내 책의 위치를 확인해 보니 여행 에세이 서가에 꽂혀 있는 걸로 나왔다. 여행 에세이 서가, 그것도 맨 밑 칸에 꽂혀 있다니. 나는 쪼그려 앉아서 책을 꺼냈다. 이 책을 독자가 꼭 찾으려고 하지 않는 이상 절대 우연히 만날 수 없는 자리였다. 보통 책이 출간되면 2주 정도 신간 매대에 진열되어 있다가 서가에 꽂힌다고 한다. 그 사이에 판매율이 상승세를 타지 못하고 그대로 서가에 꽂히면 이대로 잊히는 책이 된다고들 한다. 매대에 진열되어 있어야 서점에 온 불특정 다수의 눈에 띄고, 자연스럽게 판매로 이어지는 기회를 얻을 수 있는데 이렇게 책이 나오자마자 서가에 꽂히다니. 그것도 제일 아래 칸에 말이다. 서가에 꽂힌 이후에는 책이 서점에 온 독자들에게 별로 노출되지 않는다. 내 책의 키워드를 넣어서 검색해 보거나 이 분야의 책이

이렇게 아래칸에 꽂혀 있다니 ㅜㅜ

필요해서 서가를 둘러보는 사람의 눈에만 띌 수 있다. 속상한 마음에 책을 들고, 직원을 찾아가 항의해 봤다.

"저기요, 이 책이 이번 주에 출간되었는데 매대에 없네요⋯⋯."

개미 똥만큼 작은 목소리로 소심하게 직원에게 물어보니 직원이 이 책의 저자냐고 되물었다. 그렇다고 대답하니 일주일에 책이 200권 이상 출간되는데 그 많은 책을 전부 매대에 진열할 순 없단다. 현실적으로는 그러하겠지만 작가의 입장에서는 애지중지 키워 낸 내 자식이 홀대당하는 것 같아 속상하지 않을 수 없다. 편집장은 광화문, 잠실, 강남 등등에 있는 큰 서점에는 내 책이 매대에 잘 진열되어 있다고 속상해하지 말라고 나를 위로했다. 그래, 어쩔 수 없는 일이니 받아들이자. 받아들여야지 어쩌겠냐 싶다가도 불현듯 온갖 생각이 떠올랐다. 그럼 일주일 사이 200권의 책이 출간되는데 어떤 책은 매대에 진열되고, 어떤 책은 서가에 꽂힌다는 건가? 이쯤 되니 대체 기준이 뭔지 궁금했다. 곰곰이 생각해 보면 어렵지도 않은 문제다. 모 아니면 도. 출판사 파워가 있거나 저자 파워가 있으면 된다. 오프라인 서점에서도 결국에는 매출을 많이 낼 가능성이 있는 책을 매대에 놓게되어 있다.

오프라인, 온라인 두 가지 영역에서 모두 홍보를 잘해 내면 좋겠지만 내 생각만큼 서점 매대에 책이 진열되지 않았다고 해서너무 속상해하지는 말자. 혹은 아직 계약하기 전이라면 구체적인 홍보 방안을 물어보고 출판사를 선택할 수도 있다. 이미 책이 출간됐다면 개인이 할 수 있는 온라인 마케팅에 집중해 보자.

결국에 자신이 처한 상황에서 할 수 있는 일을 하면 되는 것이다.

내　마음은　갈대

오늘

이튿날

이걸 내가 썼다고?

진짜 이렇게밖에 못 쓰나!

우리 집 책꽂이 그리고 테이블 여기저기 손만 뻗으면 내 책이 닿는다. 나는 보통 남편과 아이들이 잠들고 난 후에 혼자만의 시간을 갖곤 하는데 그때 종종 내 책을 펼친다. 표지도 다시 한번 꼼꼼히 보고 저자 소개, 차례, 프롤로그를 살피고 처음부터 한 쪽지씩 읽어 내려간다. 내가 쓴 글이고 수백 번도 넘게 읽은 글이지만 책으로 보니 또 새롭다. 어느 문장에서는 내가 어떻게 이렇게 멋진 문구를 썼나 싶어서 혼자 우쭐해지기도 한다. 나의 경험이 글이 되고, 그 글이 모여 책이 되어 나왔다니. 누군가에게는 꼭 필요한 정보를 제공하고 도움 주기를 바라는 마음을 담아 책장을 넘긴다. 이런 날은 스스로 대견하다 싶고, 어깨가 으쓱해진다.

이튿날 또 손을 뻗으면 닿을 만한 곳에 있는 내 책을 집어 든다. 어제 그렇게 의기양양하던 내 모습은 온데간데없이 사라지고 오늘은 얼굴이 붉으락푸르락 달아오른다. 아니 이걸 왜 이렇게밖에 표현을 못 했나 싶어 스스로를 자책하고 또 자책한다. 심지어 눈에 띄는 오탈자. 얼굴이 화끈거린다. 책이 되어 나온 이상 2쇄를 찍기 전에는 절대 수정할 수 없다. 그런데 이렇게 오탈자가 눈에 띄다니. 왜 이런 오탈자는 이제야 눈에 보이는지 모르겠다. 글을 쓰는 사람이 기본 중에 기본인 맞춤법과 띄어쓰기를 이렇게 엉망으로 하다니. 이게 말이 되냐는 말이다. 1교, 2교 때도 꼼꼼하게 여러 번 살펴볼 걸 하는 후회가 물밀듯이 몰려왔다. 지금 와서 후회하면 무엇하리. 보통 출판사는 3교 때 저자 교정을 요청하기 때문에 교정을 볼 시간이 충분하지 않았다고 핑계를 대고 싶다.

내 글에서 내가 오탈자를 찾기란 생각보다 쉬운 일이 아니다. 책이 마무리가 될 즈음 프린트를 해서 믿을 만한 지인에게 검수를 요청하는 것도 좋은 방법이다. 처음 내 글을 읽는 사람에게는 눈에 띄는 오탈자가 있기 마련이고, 사람마다 거슬리는 부분이 다르기 때문이다. 절대 잊지 말자. 한번 인쇄된 오탈자는 2쇄가 나오기 전까지 수정할 수 없다는 사실을.

책이 출간되고 며칠 동안 어떤 날은 내 책이 사랑스러워 보이다가도 어떤 날은 너무 못나 보여 보이지 않는 곳으로 쓱 밀어 놓기를 반복했다. 들쑥날쑥한 내 감정을 다잡지 못하던 어느 날 책을 읽은 독자 분들이 내 블로그에 댓글을 남겨 주었다.

윗집에 사는 편집장님이 책을 한 권 소개해 주셨어요. 제가 외국에 나가보고 싶다고 늘 노래를 불렀는데 그걸 기억하셨나 봐요. 자기 전 아이들과 책을 한 챕터 정도 읽고, '아, 부럽다! 내가 가고 싶던 대학교다!!!' 생각하며 반절을 읽고, '어, 나도 갈 수 있을까?' 상상하며 한숨에 나머지를 마저 다 읽고. 아 진짜 가고 싶다!!! 가자!!! 잠들려고 하는 딸을 붙잡고 얘기했어요. 담아, 우리 담이 열 살 되면 여기 가자, 유럽에. 4년 남았으니까 엄마가 공부 열심히 하고 돈도 모을게 ^^ 응~ 쿠울 ㅎㅎ 이렇게 어젯밤 행복한 희망으로 잠들었네요. 감사합니다. 작가님은 목표 지향적인 저에게 또 하나의 삶의 목표를 만들어 주신 분이에요. 목표가 막연하고 길을 모를 때는 두려움일 수 있지만 그 길을 가 본 선자가 안내해주고 빛을 준다면 이는 목표로 가는 희망의 길이지요. 그 선자의 업이 교사가 해야 하는 몫인데 교사가 되고픈 제가 오히려 스승을 여기 이 책 속에서 만나네요. ^^ 정말 감사합니다, 정말. 같은 길은 아닐지라도 힘을 얻어 가까이 가 보겠습니다.오늘 하루도 건강히 그리고 밝게 파이팅 ♡

안녕하세요! 지난주 광화문 교보문고에서 우연히 작가님 책을 발견하고 앉은 자리에서 순식간에 다 읽었습니다! 남편 분께서 아이엘츠(IELTS) 공부한 사진이 저에게 많은 동기 부여와 자극이 될 것 같아 책도 구매했고요. ㅎㅎ 굳이 블로그까지 찾아온 이유는 책에 기재한 많은 일들을 기적과 행운으로 겸손하게 표현하셨는데, 저는 책을 읽는 내내 '작가님께서 너무 좋은 분이시고, 순간순간 선하고 열심히 살아 내서서 그런 좋은 분들도 만날 수 있었던 거 아닐까?'라는 마음이 들어서 그걸 알려 드리고 싶었기 때문이에요! 읽기 편한 문장으로 글을 서술해 주셔서 90분 동안 즐겁게 읽었고, 다른 문화를 배우기도 하고, 가족과 헤어지는 부분에서는 눈물을 훔치기도 했답니다.희로애락을 느끼게 해 준 책을 만나 행복했고요. 저도 해외에서 살아보는 게 인생의 목표라 작가님을 통해 다시 한번 희망을 갖고 꿈을 꾸었습니다. 주절주절 말이 많았는데 ㅎㅎ 책 읽고 고마운 마음을 나누고 싶어서 그런 것이니 양해 부탁드려요^^; 사랑하는 가족들과 행복한 명절 보내시고 블로그에도 글 자주자주 올려 주세요. 응원하겠습니다.

　

작가가 되고 나서 생긴 새로운 일은 내 책을 읽은 독자들이 블로그를 찾아오기도 하고, 메일을 보내오기도 한다는 것이다. 얼굴 한 번 본 적 없지만 책으로 연결된 소중한 인연들이다. 더구나 책에 대한 내 마음이 갈팡질팡할 때 받았던 선물 같은 댓글들이다. 맞다. 내가 필력이 뛰어나고 원래 글을 잘 써서 책을 낸 것이 아니다. 나는 타고난 작가여서가 아니라 내 경험을 통해 다른 사람들에게 도움이 되길 바라는 마음으로 글을 쓰기 시작했다. 이 정도면 충분하다. 오탈자도 내가 만들어 낸 것. 나에게는 모든 것이 처음이었으니 만족하자 생각해 본다. 누군가 내 책을 읽고 꿈을 향해 나아가기로 결심했다는 것 자체가 기적 같은 일임으로. 이 정도면 충분하다.

9

작가라는 타이틀을 달고서

책을 출간하면 어떤 일이 벌어질까? 책만 나오면 갑자기 세상이 180도 달라질 거라 기대할 수도 있겠지만 실상은 그렇지 않다. 이름만 대면 다 알 법한 유명 작가가 아닌 이상 내가 내 입으로 말하지 않으면 그 누구도 내가 작가라는 사실을 알 길이 없다. 그렇듯 책을 출간한다 한들 내 인생에 큰 변화는 찾아오지 않는다. 물론 다 그렇지는 않겠지만 말이다. 그렇기 때문에 책을 쓰기 전에 출간 목적을 명확히 해 두어야 한다.

내 인생에 책 한 권 내 보는 게 소원이다, 그래서 단지 책을 출간하는 데 의의를 두겠다는 사람도 있을 것이다. 내 나이 스물두 살에 단짝 친구와 함께 호주로 해외여행을 떠났다. 이렇게 멀리 여행을 왔으니 매일같이 새로운 곳을 가 보고 싶어 하던 나와 달리 친구는 숙소에 머물면서 책 읽기를 즐겼다. 왜 너는 돌아다니지 않냐고 묻자 친구는 비행기를 타고 외국에 온 것만으로도 이미 만족하기 때문에 더 이상 무언가를 할 이유가 없다고 대답했다. 이렇듯 사람마다 만족의 기준이 다를 수 있다. 이왕이면 오랜 기간 준비해서 세상에 '짠' 하고 내놓은 이 과정을 단지 책을 출간했다는 것에 만족하기보다 진지하게 고민해 보고 다음 행보와 연결 짓길 추천한다.

책을 출간한 뒤 도전해 볼 만한 일이 몇 가지 있다. 이는 대부분 책 홍보와 크게 다르지 않다. 책을 가지고 할 수 있는 일은 대부분 내 책을 홍보하는 것과 결이 같기 때문이다.

난생처음 북토크라는 것을 해 봤다. 어떠한 형식에도 얽매이지 않고, 내 책을 읽은 사람들과 소통하는 자리다. 북토크에서 어떤 이야기를 하면 좋을까? 책에 모든 이야기를 풀어놓았다고 생각했는데 막상 떠올려 보니 아직 못 다 한 이야기가 많이 있었다. 영국 생활기, 영국 소도시 여행기, 유럽 여행기 등등 북토크 PPT를 만들다 보니 170장이 훌쩍 넘어 갔다. 책에 쏟아 낸 이야기 말고도 내 안에 아직도 할 말이 이리 많구나 싶었다. 처음이라 시작 전에는 많이 떨렸는데 입을 열고 나니 술술 이야기보따리가 풀렸다. 직접 경험하고 느낀 것들을 몇 달 내내 곱씹고 풀어냈으니 더 이상 못 할 말도 없는 것이다.

그다음 시도해 볼 만한 일은 강사로 지원해 보는 것이다. 이전에는 전업 주부였지만 책이 출간됨과 동시에 나는 그 분야의 전문가가 되는 셈이다. 작가라는 타이틀을 달고서 문화센터, 도서관, 정부기관 등등 다양한 곳에 강사로 지원할 수 있다. 내 이름으로 나온 책이 나의 든든한 포트폴리오가 되어 준다. 어쩌면 작가라는 직업과 더불어 강사라는 직업도 동시에 얻을 수 있다. 일회성도 좋지만 4회 차, 6회 차 커리큘럼을 기획하는 방법도 있다. 반대로 기관에서 먼저 강의 요청이 들어오기도 한다. 무엇이든지 첫 경험이 중요하다. 강의를 한 경험을 나의 SNS에 기록으로 남기면 누군가 그걸 보고 강의를 의뢰할 수도 있다. 이렇게 나의 강의 경험이 축척되어 가면 선순환이 가능해진다.

혹시 한 번이라도 검색창에 자신의 이름을 검색어로 넣어 본 적이 있는가? 예전에 장난삼아 남편이랑 서로의 이름을 검색해 본 적이 있다. 흔치 않는 이름이라 누군가 나와 같은 이름의 유명인이 있을까 싶어서 해 본 일이다. 작가가 되고 나서 검색창에 내 이름을 넣으면 떡하니 내 책이 나온다. 또한 주르륵 내 책의 리뷰도 함께 뜬다. 책을 출간하고 또 하나 할 수 있는 일은 네이버 인물 검색에 자신을 등록하는 일이다. 연예인 혹은 유명 인사만 인물 검색이 된다고 생각하는데 그렇지 않다. 예상보다 까다롭지 않고, 비용도 들지 않는다. 네이버 인물 등록에 스스로 정보를 기재하면 되는데 이때 당당히 나를 작가라고 소개할 수 있다. 이전에는 검색창에 내 이름 석자를 넣었을 때 아무것도 나오지 않았지만 지금은 나의 프로필과 내 책이 뜬다. 이게 뭐라고 유명 인사라도 된 듯한 기분이다.

두 번째 나의 책은 사업 구상의 연장선이라 할 수 있다. 우연한 계기로 사업 아이템을 떠올리고 추진해 볼 수 있는 기회를 얻었다. '내가 할 수 있는 사업이 무엇이 있을까?'라는 고민은 '내가 무슨 주제로 책을 쓸 수 있을까?'라는 질문의 답과 결이 다르지 않았다. 결국 사업을 확장하기 위해 책을 선택했고, 출간 뒤 책을 발판 삼아 사업을 추진할 수 있었다. 책을 낸 다음 책의 주제를 개인 사업과 연결하는 것을 추천한다. 어쩌면 나와 같이 사업이 먼저일 수도 있고, 반대로 책이 먼저일 수도 있다. 둘 다 상관없다. 지금 내가 할 수 있는 일부터 시작하면 된다.

책을 한번 출간한 작가들은 이어서 다른 책을 쓰는 경우가 많다. 퇴고를 할 때는 이를 박박 갈며 '내가 미쳤지, 누가 등 떠밀지도 않는데 이 힘든 일을 왜 시작했을까' 하다가도 막상 책이 나오고 나면 자연스럽게 다른 책을 구상하는 나를 발견한다. 이렇게 진짜 작가가 되어 가는 것 아닐까.

| 그 | 럼 | 에 | 도 | | 책 | | | | | | | |

책을 쓴다는 것을 노동으로 치면 이렇게 불합리한 것도 없다. 정성과 시간 대비 수익은 말도 안 되게 적기 때문이다. 수익은 순수하게 책 판매로부터 발생하는 인세를 말한다. 짧으면 반년 길게는 1년이라는 시간이 걸려 나오는 책 한 권. 하지만 초보 작가는 소위 계약금만 받고, 그 이후 인세라는 걸 다시 받지 못하는 경우도 허다하다. 계약금 이상 책이 팔리지 않았다는 것이다. 작가라

는 직업을 노동과 수익으로만 보면 당장 때려치우거나 애초에 시작을 하지 않는 것이 맞다. 그뿐 아니다. 나의 정성과 시간만 가져가는 것이 아니라 그 이상의 말도 안 되는 강도 높은 스트레스를 몰고 오는 것이 책이다. 초고를 완성하기까지, 원고 투고를 하는 시기에, 무수히 많은 거절 메일을 받을 때, 퇴고하는 과정에서, 책 출간 후 다른 사람의 시선에 얽매이게 되는 순간에, 책을 팔아야 한다는 압박감에 시달릴 적마다……. 어느 과정 하나 쉽게 지나가지 않는다.

작가가 된다는 것이 이렇게 힘든 여정이라는 것을 잘 알면서도 아이러니하게 나는 첫 책이 출간되기도 전에 두 번째 책을 기획했다. 두 번째 책이 출간된 뒤 얼마 지나지 않아 세 번째 책을 고민했고, 장담하건대 나는 이 책이 출간되면 곧바로 다음 책 주제를 모색할 것이다.

왜 나는 책 쓰기의 매력에서 빠져나오지 못하는 걸까

심지어 이제는 이 좋은 것을 나만 할 순 없지 싶어 동네방네 책 쓰기를 권하고 다닌다. 종종 나는 주변 사람들이 어떤 주제로 책을 쓰면 좋을지 번뜩 떠오르곤 한다. 그 사람만의 재능 혹은 콘텐츠가 아까워 가끔은 아무런 관심 없는 사람을 붙들고 책을 써 보는 게 어떻겠냐며 혼자 오지랖을 떨기도 한다. 여전히 나는 전문가의 글쓰기 수업을 받지 않았고 아직 아마추어 수준이지만 글을 쓰는 것이 좋다. 사람마다 생김새가 다르고 성격, 가치관, 경험이 다르듯 글도 사람마다 다른 문체를 갖고 있을 뿐이라 생각한다. 내가 쓰는 이 글 또한 그대로 나인 셈이다. 글을 쓴다는 것은 마음만 먹으면 누구나 할 수 있는 창작 행위다. 내가 무언가를 창조할 수 있다는 사실이 얼마나 매력적인가. 세상 어디에도 없던 책을 만들어 내는 것만큼 매력적인 일이 또 있을까.

글을 쓰면서 내 삶에 생기가 돌았다. 사소하고 귀찮던 일들이 글감이 되자 더 이상 나에게 가치 없는 일이 아니었다. 그렇게 하나둘 글이 되고 내 삶은 특별해졌다. 책 한 권을 출간한 뒤 나는 더 이상 엄마라는 존재만으로 나를 설명할 수 없었다. 작가가 되었고, 강사가 되었고, 그리고 창업가가 되었다. 책 한 권이 나에게 다양한 정체성을 부여했고, 그것들은 점점 확장되어 갔다. 단지 나는 사부작사부작 글을 쓰기 시작했을 뿐인데 내 삶은 더할 나위 없이 풍성해졌다. 그렇기에 오늘도 나는 아이들이 잠든 이 고요한 밤에 여전히 키보드를 두드리며 책을 써 내려간다.

모두의 버킷리스트
책 쓰기 첫 경험

ⓒ 석경아, 2022

초판 1쇄 인쇄 2022년 4월 5일
초판 1쇄 발행 2022년 4월 15일

글 | 석경아
그림 | 강수현
발행인 | 장인형
임프린트 대표 | 노영현
디자인 | 아베끄
편집 | 김하얀

펴낸 곳 | 도서출판 다독다독
출판등록 제313-2010-141호
주소 서울특별시 마포구 월드컵북로4길 77, 3층
전화 02-6409-9585
팩스 0505-508-0248
이메일 dadokbooks@naver.com

ISBN 979-11-91528-10-7 03190